哈尔滨历史文化丛书
丛书主编：李述笑　阿　成

风雨华章

国家历史文化名城哈尔滨

李述笑　李荣焕
郭淑媛　于秋月◎编

黑龙江大学出版社

图书在版编目（CIP）数据

风雨华章 ：国家历史文化名城哈尔滨 / 李述笑等编．
哈尔滨 ：黑龙江大学出版社，2025．6．--（哈尔滨历史
文化丛书 / 李述笑，阿成主编）．-- ISBN 978-7-5686
-1239-5

Ⅰ．K928.5

中国国家版本馆 CIP 数据核字第 2025DK7508 号

风雨华章

国家历史文化名城哈尔滨

FENGYU HUAZHANG GUOJIA LISHI WENHUA MINGCHENG HAERBIN

李述笑　李荣焕　郭淑媛　于秋月　编

责任编辑　魏　玲
出版发行　黑龙江大学出版社
地　　址　哈尔滨市南岗区学府三道街 36 号
印　　刷　哈尔滨市石桥印务有限公司
开　　本　720 毫米 ×1000 毫米　1/16
印　　张　12.25
字　　数　198 千
版　　次　2025 年 6 月第 1 版
印　　次　2025 年 6 月第 1 次印刷
审 图 号　GS（2025）2433 号
书　　号　ISBN 978-7-5686-1239-5
定　　价　49.80 元

哈尔滨历史文化丛书编委会

关于哈尔滨

关于哈尔滨，没去过的人会有某些听闻和想象；去过的人会留下某些愉快的乃至深刻的记忆；如我这样早年间离开了哈尔滨，久居外省市的人，对哈尔滨的认知已非常局限；而老一辈哈尔滨人和哈尔滨的新生代，对自己家乡的认知，差别又必然很大。

作为土生土长的哈尔滨人，我对这座城市充满感情。从塞外村镇到国际都市、从“共和国长子”到新晋顶流，哈尔滨饱经风雨、英雄辈出，历史悠久、文化多元，物华天宝、人杰地灵。濒江而生、依路而兴的人文风貌，多元交融、凸显智慧的建筑格调，美轮美奂、多姿多彩的冰雪文化，雅俗共赏、魅力非凡的音乐元素，中外荟萃、特色独具的风味美食……凡此种种让这座历史虽然不长，但却极具荣光与力量的国家历史文化名城频频火爆出圈。

有谁想较全面地了解哈尔滨这座众说纷纭的城市吗？

这样的人肯定是有的。

也许，还不少吧？

那么，哈尔滨历史文化丛书对于以上群体应该是具有吸引力的。

丛书目前共七册——《风雨华章——国家历史文化名城哈尔滨》《城市符号——哈尔滨历史城区的人文风情》《流派纷呈——哈尔滨建筑风格纵览》《华彩乐章——音乐之城哈尔滨》《冰情雪韵——哈尔滨冰雪文化》《艺彩风华——文艺名人在哈尔滨》《百年味道——哈尔滨饮食文化寻踪》。

七册书图文并茂，收印了许多珍藏的历史照片，可以说是关于哈尔滨的较全面的小百科书，既能满足了解愿望，又具有欣赏价值、收藏价值。

作为哈尔滨人，我甚为这一套丛书的出版而高兴。遵命作序，倍觉荣幸。

梁晓声

2025 年 6 月 8 日　北京

写在前面

众所周知，历史的丰富性不单是在于文献的表达，而且那些源自于民间的传说、传闻，甚至个人亲历的表述，也是对历史文献的一种有益的补充，在某种程度上，亦可视为对历史文献中的某些含混之处的勘正。对这种多元史料的多义性、丰富性、矛盾性的判断、研究、择取，不仅是作者要面临的难题，更是挑战。再加上历史资料占有的局限，虽然每一位作者都在追求表达的完美、完整，百分之百做到还原一座城市历史的全貌，没有遗珠之憾，可这毕竟是今人和后人永远不可能实现的梦想。毕竟汹涌澎湃的历史长河，带走了许多我们尚不掌握的、珍贵的史料。在这样的情势之下，难免挂一漏万。因此，在这里恭恭敬敬，请方家补正之。

前言

《风雨华章——国家历史文化名城哈尔滨》是“哈尔滨历史文化丛书”的首册，旨在为丛书各分册做好历史背景的顺序交代和文化特色的梳理铺陈，亦可认为是全套丛书的导读入门或开篇绪言。

“哈尔滨历史文化丛书”从不同角度展现了哈尔滨独具魅力的多元文化:《风雨华章——国家历史文化名城哈尔滨》梳理了哈尔滨由塞外村镇到国际都市的沧桑过往和历史荣光;《城市符号——哈尔滨历史城区的人文风情》还原了哈尔滨濒江而生、依路而兴的旧日风貌;《流派纷呈——哈尔滨建筑风格纵览》展示了异域精粹与本土智慧交融碰撞的哈尔滨建筑风格;《华彩乐章——音乐之城哈尔滨》勾勒了璀璨夺目、精彩纷呈的哈尔滨音乐文化发展历程;《冰情雪韵——哈尔滨冰雪文化》描绘了美轮美奂、多姿多彩的哈尔滨冰雪文化;《艺彩风华——文艺名人在哈尔滨》记录了众多与哈尔滨结缘的文艺名人;《百年味道——哈尔滨饮食文化寻踪》则呈现了兼具欧陆风味及龙江特色的哈尔滨饮食文化。一言以蔽之：哈尔滨文脉丰厚，历史悠久；欧风亚雨，文化多元；物华天宝，人杰地灵。她饱经风雨，英雄辈出，有优秀的革命传统；是全国解放最早的大城市，作为“共和国长子”，在建国初期、改革开放的年代和新时代都作出了不可磨灭的贡献。

本书大体依据哈尔滨的历史分期，遵从城市历史文化特色，分为“历史文脉起源”“新兴城市崛起”“多元文化融合”“烽火硝烟战歌”“曙光照耀新城”“城市品牌拓展”等六章，简要交代哈尔滨苦难与光辉的城市形成与发展历程；对于在城市发展历程中出现的重大历史事件、重要文化人物等进行展示，重点呈现了哈尔滨所取得的非凡成就和历史荣光，展示了哈尔滨城市文化品牌，彰显城市多元文化融合的独特魅力及深厚底蕴，为读者呈现一个闻名遐迩的国际名城的历史与今生。

本书为国家历史文化名城哈尔滨之“掠影”，故未呈现全貌，而侧重突出历史文化的亮点，同时辅以大量的珍贵图片，以求图文并茂、雅俗共赏。本书成稿得到了中共哈尔滨市委史志研究室、哈尔滨市自然资源和规划局、哈尔滨市文化广电和旅游局、哈尔滨市图书馆的大力支持与帮助，黑龙江省档案馆为本书提供了史料图片，韩士明、黎纲峰亦提供了大量的史料与图片，韩士明还对全书进行了审读，在此一并致以诚挚的谢意。由于编者水平有限，本书在立意、选材、详略、文笔等方面肯定会有许多不足、疏漏甚至错误之处，敬请同行和读者批评指正。

目录

历史文脉起源

新兴城市崛起

多元文化融合

烽火硝烟战歌

曙光照耀新城

城市品牌拓展

历史文脉起源

历史文脉起源

北方民族 繁衍生息

“哈尔滨”是满语“晒网场”的意思。

她具有悠久的历史、丰厚的文脉：旧石器时代晚期，这里就有了人类活动。此后，我国北方古代民族秽貊、橐离、夫余、肃慎、挹娄、勿吉、靺鞨、女真、满族等先民均曾生息繁衍在这块土地上。约于公元5世纪，勿吉七部之一的安车骨部人便在哈尔滨荒山顶修筑了古城堡。唐代渤海国政权建立后，哈尔滨属莫颉府地。辽代，这里为东京道所辖，是生女真活动的中心。

金源故地 空前繁荣

金代，阿城是上京会宁府，哈尔滨一带是上京会宁府的京畿之地。由于冶铁业的发达、铁器的广泛利用、农耕技术的长足进步，以及交通、商贸、文化、艺术的发展，金源故地得到了空前发展。成高子、四方台、三棵树、半拉城子、新发屯、平房、王会屯、张家油坊等地都发现了大量的金代灿烂文化的遗存。

▼ 金上京会宁府遗址

金上京会宁府，俗称白城，位于哈尔滨市阿城区南郊，阿什河左岸，是金朝 1115 年至 1153 年间的都城，作为金朝的政治、军事、经济、文化中心达 38 年之久，历经金太祖、太宗、熙宗、海陵王四代皇帝。金上京会宁府是女真族建立的金王朝的早期都城，也是迄今保存较为完好的唯一一处金代都城遗址，是全国重点文物保护单位。其皇城午门及宫殿建筑遗址至今均保存完好，外城城墙、瓮城、马面、角楼及护城河遗址尚存。在金上京城外垣四壁之下，出土了大量的擂石和铁箭镞，说明金上京的守卫主要用矢石进行防御。

▲ 金上京会宁府遗址出土的铜坐龙和龙纹铜镜

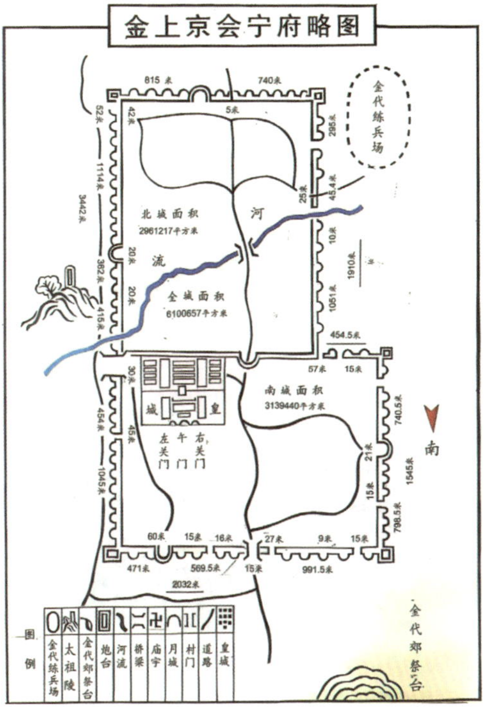

▲ 金上京会宁府略图

元代，哈尔滨归辽阳行省开元路镇宁州管辖。明朝，哈尔滨在奴儿干都司兀者卫境内。清朝，哈尔滨归宁古塔将军（后改称吉林将军）阿勒楚喀副都统管辖。

京旗移垦 村屯聚落

清朝，东北为“龙兴之地”。清军入关后曾一度实行封禁政策，至嘉庆年间始放宽限制，咸丰年间方开禁放垦于吉林、黑龙江地区。19 世纪末，阿勒楚喀、呼兰、双城、宾州、拉林等地已成为哈尔滨地区政治、经济、军事中心。这时，哈尔滨地区的傅家店、秦家岗、马家沟、田家烧锅、四家子、薛家屯、四方台等属双城厅管辖；大小嘎哈、莫力街、舍利屯、荒山嘴子、拉拉屯等属宾州厅管辖；而江北马家船口等地属呼兰厅管辖。此时哈尔滨已出现了元聚烧锅、田家烧锅、张家油坊、瓦盆窑、荒山嘴子等手工业作坊和集镇，还有“卡官”和“营盘”驻守，“乡约”和“地方”管理。

社会分工的进一步发展、农产品的商品化和手工业作坊的初具规模足以说明，当时哈尔滨在自给自足的自然经济占主导地位的同时，商品经济已经有了一定程度的发展。

▼ 傅家店的大车店

▲ 哈尔滨江畔的百人税关营盘

▲ 19 世纪末拉林舆地全图

▲ 田家烧锅已形成不小的村屯

网场渡口 地名出史

乾隆二十八年（1763年），松花江哈尔滨段即已设立网场，奉打贡鲜。乾隆四十二年（1777年），哈尔滨开设渡口，摆渡商旅，道光二年（1822年）设立渔圈，修造渔船、捕鱼贡鲜。

同治三年（1864年），哈尔滨满文地名首次见诸黑龙江将军衙门档案中。

▲ 哈尔滨开设渡口，摆渡商旅

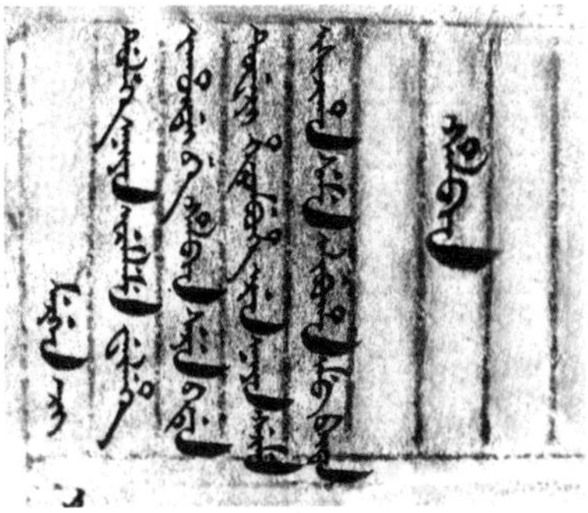

▶ 黑龙江将军衙门档案中关于哈尔滨满文地名的记载

АПТЕКА

新兴城市崛起

■ 新兴城市崛起

铁路修筑 城市崛起

19 世纪末，帝国主义列强掀起了瓜分中国的狂潮。1896 年，沙皇俄国诱迫清廷相继签订了不平等的《中俄御敌互相援助条约》（即《中俄密约》）和《中俄合办东省铁路公司合同章程》，攫取了在中国吉林、黑龙江地方修筑中国东省铁路（即中东铁路，清代称东清铁路）的特权。1898 年，沙俄又迫使清廷签订《中俄续订东省铁路支线合同》，取得了中东铁路由哈尔滨至旅顺口、大连湾的南部支线修筑权。由此形成了一条以哈尔滨为中心，纵横贯穿中国东北全境，全长约 2500 公里的“丁”字形大铁路。

1898 年 4 月，中东铁路工程局工程师希特洛夫斯基率领由 20 多名各学科专家组成的先遣队抵达哈尔滨。6 月，以副总工程师依格纳齐乌斯为首的中东铁路工程局施工人员乘船溯松花江抵哈，并设中东铁路工程局于田家烧锅。嗣后，中东铁路工程局曾一度将哈尔滨命名为“松花江铁路村”。1899 年，中东铁路工程局对“松花江铁路村”进行规划并开始建设。

▼ 中东铁路线路图

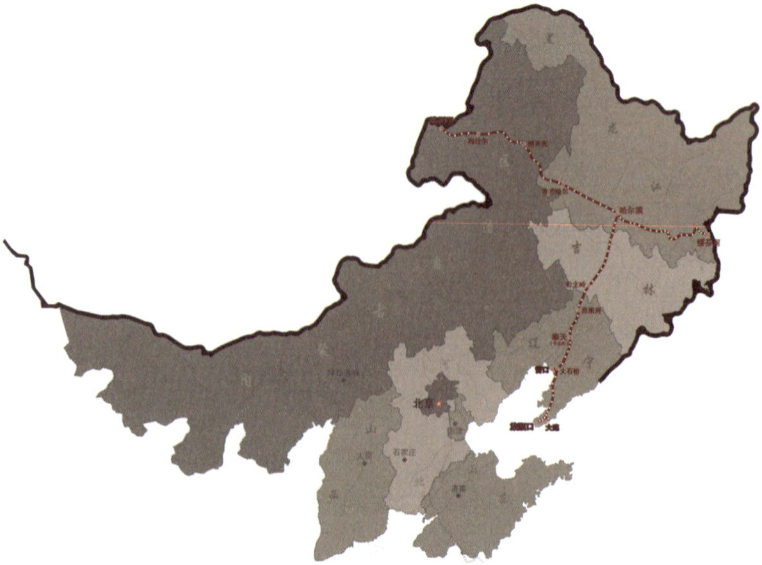

▲ 中东铁路工程局设于田家烧锅

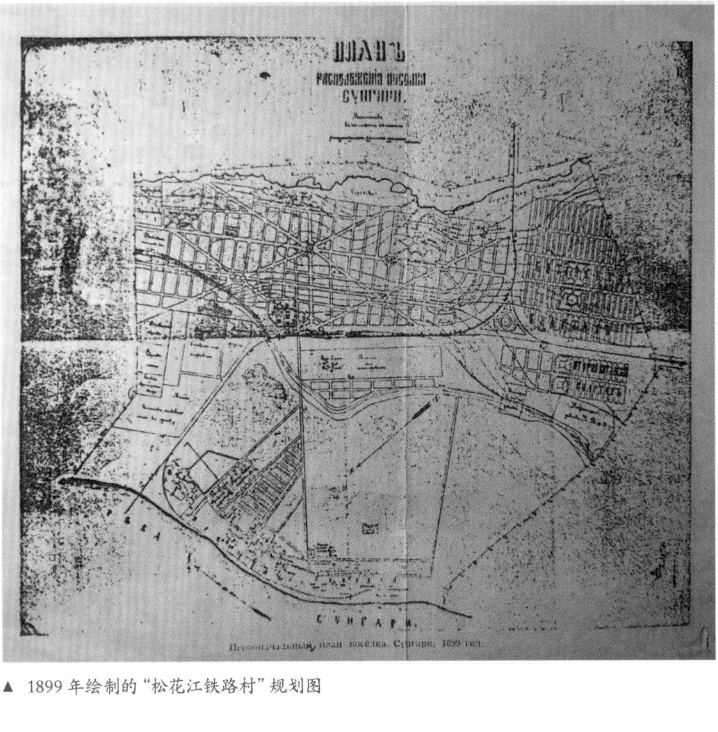

▲ 1899 年绘制的“松花江铁路村”规划图

1903 年 7 月，中东铁路全线通车，哈尔滨分散的村屯逐渐形成老哈尔滨、新市街、埠头区三个铁路村。铁路交付运营后，铁路村之间开始修路建桥，兼之完善了基础设施，哈尔滨逐渐成为中东铁路沿线的政治、经济中心。

1904 年日俄战争爆发，哈尔滨成了俄军的大后方和大本营，俄军后方军队司令部、军需仓库、医院等都设在这里，一批使用近代机器的皮革厂、玻璃厂、肥皂厂、酒厂也雨后春笋般建了起来。此时哈尔滨的人口已骤增至 10 万，傅家店的人口猛升至 15 万（不包括军队），哈尔滨加快了由铁路村向城市转变的进程。

▼ 连接新市街与埠头区的铁路跨线旱桥

▼ 哈尔滨成了俄军的大后方和大本营

▼ 哈尔滨由铁路村向城市转变

关道设治 哈市开埠

1905年10月6日，署理吉林将军达桂、暂署黑龙江将军程德全联名上奏，请于“吉林哈尔滨添设道员”，专办铁路交涉并督征关税。10月31日，奏奉朱批允准在案。当日被认为是哈尔滨设治之始。哈尔滨关道的设治是清政府力挽主权、外攘内修的重要举措。

1907年1月，哈尔滨开辟商埠。

开埠后的哈尔滨，商业和进出口贸易进入迅速发展阶段。1912年2月，中东铁路管理局与英国伦敦托马斯·库克父子公司（通济隆洋行）签订全球客票联运合同，实现了伦敦—彼得堡—莫斯科—大西洋—太平洋—加拿大—太平洋—西伯利亚铁路—中东铁路的联运，联通了欧亚。这时，哈尔滨已初步成为北满的商品聚散地、贸易中心和工业中心。

▼ 哈尔滨关道衙门

▼ 哈尔滨成为商品聚散地、贸易中心和工业中心

依傅家甸 设滨江厅

19 世纪末，与哈尔滨同步形成、并行发展的傅家店与四家子属双城厅管辖。哈尔滨关道设治后，1906 年 8 月，达桂以“哈尔滨俄人屡向傅家店侵展，华洋杂处，交涉日繁，傅家店一带商民日众，无以为治，并且江防紧要”，奏设滨江厅江防同知。1908 年，滨江厅江防同知何厚琦以傅家店“店”字义狭，改为“甸”。从此，傅家店改称傅家甸。

1909 年，滨江厅改隶双城府。1910 年，撤销哈尔滨关道，改设吉林西北路分巡兵备道，巡防吉林省西北一带地方，兼管哈尔滨等处商埠、关税以及刑名等事务，辖治新城、双城、宾州、五常 4 府，滨江、榆树 2 厅和长寿、阿城 2 县。1913 年 1 月，吉林西北路分巡兵备道改称吉林西北路道，道员改称观察使。3 月，滨江厅改设滨江县，县置知事。

1914 年，吉林西北路道改称滨江道，统属滨江、双城、宾县、五常、阿城、同宾 6 县。观察使改称道尹。

1927 年 12 月 1 日，滨江县马路工程局与卫生局合并，改设滨江市政公所。1929 年 5 月 1 日，滨江市政公所裁撤，改设滨江市政筹备处，划傅家甸、四家子、圈河、太平桥等地为辖区，隶属吉林省。

▼ 1908 年，傅家店改称傅家甸

▲ 滨江县设立后的傅家甸正阳街

俄国独霸 殖民统治

哈尔滨依路而兴，而中东铁路却是沙皇俄国用以侵华的工具。俄国以武力威胁实施了“银行加铁路”的和平征服政策，攫取了中东铁路附属地内的许多特权：

1897年5月，中东铁路公司以保护铁路员工、保障铁路施工和未来的经营为借口，决定成立中东铁路护路队。1901年2月，中东铁路护路队扩编为“俄国边防独立兵团特别外阿穆尔军区”，总兵力达2.5万人，牢牢地控制了哈尔滨及中东铁路沿线。

▼ 沙俄控制了哈尔滨及中东铁路沿线

筑路期间，中东铁路工程局即令护路队担负哈尔滨警务。1903年7月，中东铁路管理局成立，10月，该局设立警察部，负责全线警务。1904年，中东铁路管理局将哈尔滨划分为新埠头区、旧埠头区、新市街和老哈尔滨4个区并分设警察署，对哈尔滨实施俄国的警察制度。

▲ 俄国人设置在哈尔滨的警察署和监狱

此外，1901年8月，沙皇发布了侵犯中国司法权的《满洲司法条例》，将中东铁路附属地案件划归俄国各法院审理。1904年4月23日，沙皇下令将旅顺俄国地方法院迁至哈尔滨，后将其更名为“俄国边境地方法院”，并设监狱和拘留所。俄国完全攫取了中东铁路沿线的司法权。

▼ “俄国边境地方法院”在中东铁路附属地非法实施司法权

中东铁路公司还在铁路沿线肆意侵占土地。在哈尔滨总车站先后三次展地，计占地 10394 垧。1904 年，中东铁路管理局还专设地亩处，专管租放地号、征收捐税，兼管开辟道路、规划户居地号等事。由此，俄国人完全把持了中东铁路附属地的地亩权。

▲ 中东铁路管理局地亩处在哈支付土地地价

1906 年，俄国政府连续多次召开了有财政部、外交部、陆军部和中东铁路公司代表参加的特别会议，讨论有关哈尔滨“自治”问题，通过了《中东铁路附属地建立民政处大纲》。1908 年 3 月，由中东铁路管理局操纵，俄国人选出了哈尔滨“自治公议会”和“董事会”，独揽了哈尔滨市政权。

▼ 哈尔滨“自治公议会”和“董事会”所在地

俄国还利用中东铁路这一工具，攫取了在哈尔滨和中东铁路沿线的内河航运权、邮政权、教育权、伐木权、采矿权等。

▲ 中东铁路公司攫取了松花江内河航运权

列强勾结 角逐远东

沙皇俄国独霸满洲，必然引起列强垂涎，进而与之激烈争夺。1904年，日本对俄宣战，日俄战争爆发。1905年，日俄媾和，签署《朴茨茅斯和约》，沙俄将从中国攫取的旅大租借权、从旅顺到长春段的中东铁路及一应特权转让给日本。嗣后，两国多次签订协定和密约，将东北分为南满、北满，划分势力范围。沙俄在中国东北的势力大为削弱，日本却并未因此而满足，而是更加紧了同欧美列强竞相争夺哈尔滨的步伐。

同时，美国政府抗议俄国违反“门户开放”政策，相继提出各种计划，抵制沙俄独占中东铁路和哈尔滨。1907年哈尔滨开埠，1月美国就在哈尔滨设领事馆（1921年12月升格为总领事馆），参与了列强在中国东北地区的争夺。乘沙俄势力萎缩之机，日本、法国、西班牙、英国、丹麦等国家也加紧向哈尔滨移侨、输资、置业。伴随着资本输出，政治势力也进入哈尔滨，除俄、美以外，另有日、法、德、英等国陆续设驻哈尔滨领事馆或总领事馆，在政治、经济各方面与沙俄抗衡。列强输出资本的

▲ 日本驻哈尔滨总领事馆

规模不断扩大，所办产业已扩展到金融、保险、商业、贸易、加工制造业等各个领域，加工制造业的门类无所不包。列强争夺哈尔滨，自是为了各自的政治和经济利益，瓜分中国的主权。

俄国十月革命胜利后，日、美等帝国主义国家企图乘机夺取中东铁路。1918年7月，日本领事向俄国领事提出由日本接管中东铁路路权、警权、粮权、实业权和币权五项要求。8月，日本军队调兵哈尔滨，分驻中东铁路各站，并派员管理长春到哈尔滨间的中东铁路。同时，美国提出由美国派员接管中东铁路和西伯利亚铁路。1919年1月9日，美、日、英、法、意、俄、中七国签订关于国际监管西伯利亚铁路的协定。2月17日，美、日双方达成协议，拟定《共同监理东省与西伯利亚铁路协定》，将中东铁路并入西伯利亚铁路，统由协约国共管，此后便开始了中东铁路国际共管的时期。随着列强对苏维埃干涉的失败，到1922年，列强争夺中东铁路的斗争才暂告平息。

▼ 英国驻哈尔滨总领事馆

▼ 法国驻哈尔滨总领事馆

▼ 协约国监管西伯利亚铁路和中东铁路委员会成立

国民觉醒 收回利权

1917年后，中国地方政权陆续收回了中东铁路附属地被攫取的各项利权：

俄国十月革命胜利后，各国各派政治势力的角斗使哈尔滨局势动荡，社会秩序混乱。1919年8月，北洋政府发布大总统令，宣布成立统一的中东铁路护路军，控制了哈尔滨及中东铁路全线，收回护路权。1920年3月15日，中东铁路护路军接管了沙俄外阿穆尔军区司令部，4月16日，中国军队解除沙俄军警武装，彻底收回了驻军权。

1918年2月，中国当局设立哈尔滨临时警察总局。1920年3月，设立中国铁路警察处，管理中东铁路沿线警务。12月，北洋政府内务部颁令撤销哈尔滨临时警察总局，设立东省特别区警察总管理处，统一由警察总管理处节制警务。1921年4月，改中国铁路警察处为东省特别区直隶的路警处，中东铁路附属地的市警权和路警权全部收回。

1920年9月，北洋政府宣布停止俄国驻华公使、领事外交特权，取消俄国在中国的治外法权。随后，司法部拟定收回中东铁路司法权暂行办法。10月1日，中国吉林交涉局会同滨江地方审判厅、检察厅，派员强行接收了哈尔滨“俄国边境地方法院”和监狱。10月31日，北洋政府颁布《东省特别区法院编制条例》，嗣后在哈尔滨设立了东省特别区高等审判厅，并在铁路沿线设地方分厅，收回了司法权。

1921年2月，北洋政府在哈尔滨设立东省特别区市政管理局，接管中东铁路管理局非法在铁路沿线行使的市政权。1923年3月，哈尔滨设立东省特别区行政长官公署，总揽东省特别区军政事务。1926年3月，东省特别区市政管理局发布布告，解散被沙俄残余势力控制的哈尔滨“自治公议会”和“董事会”，同时宣布成立哈尔滨自治临时委员会。9月，哈尔滨自治临时委员会改组，成立哈尔滨特别市，11月设自治会和市政局，收回哈尔滨市政权。

▲ 中国当局接收外阿穆尔军区司令官邸

▲ 东省特别区警察在马路执行勤务

▲ 东省特别区法院

▲ 东省特别区法院的中国法官在审判厅审理案件

▲ 哈尔滨特别市自治会与市政局

▲ 吉黑邮务管理局

1921 年 1 月，滨江道尹发布告示，接收哈尔滨及中东铁路沿线的俄国邮局，随后吉黑邮务管理局设立，接办邮务。1922 年 9 月，沙俄的哈尔滨无线电台由我国的东北无线电报局接管，邮政权自此收回。

1923 年 8 月，东省特别区宣布撤销中东铁路管理局地亩处，设立东省特别区地亩管理局，收回地亩权。

▲ 东省特别区市政管理局

▲ 东省特别区地亩管理局

20世纪20年代，中国陆续收回中东铁路管理局攫取的利权时，遭到列强的强烈反对，各国驻哈领事团多次干扰阻挠，制造麻烦。哈尔滨人民收回利权、驱逐沙俄残余分子的斗争，反映了中国人民民族独立和主权意识的觉醒及反帝爱国精神的弘扬，打击了沙俄残余势力与帝国主义勾结，企图继续以中东铁路为中心侵占中国东北的野心。

商贸重地 国际名城

中国政府陆续收回了许多被中东铁路管理局攫取的特权后，中国人民的民族独立和主权意识逐渐增强。哈尔滨经济恢复很快，金融业、进出口贸易、工业都有长足发展。1924年5月31日，中华民国外交总长与苏联全权代表在京签订《中俄解决悬案大纲协定》和《暂行管理中东铁路协定》。同年9月20日，东三省自治政府全权代表与苏联全权代表签订《中华民国东三省自治政府与苏维亚社会联邦政府之协定》（即《奉俄协定》），中东铁路迎来了中苏共管时代。1926年11月，中国人掌政的哈尔滨特别市自治会和市政局的成立，标志着哈尔滨市政权的收回。

自此，哈尔滨成立了很多商会、贸易货栈、交易所，市内的交通、邮电、信托保险、科教文化、服务行业也都迅速发展，人口高度集中。1929年哈尔滨已经发展成为拥有20多万人（如将傅家甸16万多人计算在内，共有36万余人）的大城市。随着经济中心的形成与发展，到20世纪30年代初，哈尔滨已有28个国家的外侨约14万人，19个国家在哈尔滨设立了领事馆，外国资本在北满开办的工厂约有四分之三集中于哈尔滨。

中东铁路国际联运，轮轨纵横。哈尔滨进出口的货物来自或运往西伯利亚、莫斯科、伦敦、巴黎、纽约、华沙、东京、大阪、爪哇等地区，乃至世界各地。这时哈尔滨已经被纳入国际市场体系，成为著名的东方贸易中心、国际名城。

▲ 哈尔滨特别市自治会成立大会合影

▲ 俄国驻哈尔滨总领事馆

▲ 美国驻哈尔滨总领事馆

▲ 比利时、法国驻哈尔滨领事馆

▲ 意大利驻哈尔滨领事馆

▲ 哈尔滨已成为东方贸易中心、国际名城

光电影院 风气领先

早在 1905 年 12 月 25 日，潘捷列依蒙·瓦西里耶维奇·科勃采夫便在哈尔滨中国大街与石头道街（现中央大街与西十二道街）交角处一座临街的房子内开办了第一家光电影院——“科勃采夫法国电影院”。该影院址后来开办了惠康呢绒庄，20 世纪 80 年代曾是龙江制鞋厂试销部，现已无存。

科勃采夫法国电影院可容纳百名观众。当时的每张门票售价 5 卢布，人满为患时加卖的站票也要 1 卢布。每天下午四点至晚七八点钟放映。正常情况下，电影院日平均收入可达 500 卢布，收益相当可观。当时的影片很短，最长的一般也不超过 15 分钟。

潘捷列依蒙·瓦西里耶维奇·科勃采夫 1864 年出生于俄国顿河河畔的罗斯托夫，在阿尔马维尔曾有自己的照相馆和小型的电影院。日俄战争爆发后，人到中年的他作为随军摄影师来到中国东北，战后留居哈尔滨，开办了不仅在东北，即便在全国也是第一家的电影院。1935 年 7 月 26 日他逝于哈尔滨，在哈尔滨整整生活了 30 年。

潘捷列依蒙·瓦西里耶维奇·科勃采夫不仅是精明的电影院老板，而且还是出色的照相师和电影摄影师，被认为是俄国纪实影片摄影的先驱。他曾拍摄了 1907 年在哈尔滨药铺街（现中医街）举办自行车比赛的纪录片，记录下了 1909 年韩国义士安重根在哈尔滨火车站刺杀伊藤博文那震惊世界的一幕，还摄制了 1910—1911 年哈尔滨鼠疫那悲惨的景象。他拍摄的很多影片曾在世界各国演映。

1906 年哈尔滨又办起了几家电影院：

“捷克坦斯电影院”位于中国大街与商市街（现中央大街与红霞街）交角处。我们在能够看到的最早的哈尔滨中文报——《远东报》上发现多处捷克坦斯电影院的广告，从中得知该影院每月都有欧美新片，《生死关头》《一见缘》《女英雄》《人财两空》等轮换上映。当时的影片分节和段，由于时长原因，每场上演 3—4 段。若逢长片则分几场连续演完。每场演出前往往还加演滑稽片或新闻片。1916 年，坐在哈尔滨的电影院里就能看到第一次世界大战新闻纪录片，令人感叹。

▲ 潘捷列依蒙·瓦西里耶维奇·科勃采夫

同年还开办了“伊留季昂电影院”，位于中国大街与西商市街（现中央大街与上游街）交角处。该影院开业式首映时，经理人别出心裁地在楼外点燃 3000 支蜡烛，烛光闪烁，映红门庭，蔚为壮观。这种创意，如此手

▼ 20 世纪 80 年代龙江制鞋厂试销部即原科勃采夫法国电影院遗址

笔，就是在今天也令人惊叹。该影院直接从柏林和巴黎购进新片，逢周一和周四轮换上映，吸引了无数中外观众。

还有一家“进步电影院”，是格兰德旅馆附设之电影院，位于松花江街。1911年该影院改称为“格兰德-最高纪录电影院”。

1908年，在新买卖街（现果戈里大街）奥连特旅馆开办了“热烈喝彩-幻术电影院”，上演着色影片。查理·卓别林的早期作品《摩登时代》《城市之光》等新片都曾在此放映过。1912年6月，在一场大火中，影院付之一炬，后重建开业，改称“奥连特电影院”。“奥连特”在哈尔滨电影院中排行第五，可它确与号称全国第一的上海虹口大戏院同龄。

当时还有一家“格兰德电影院”，位于中国大街39号哈因德罗夫大楼的一层（约在现华梅西餐厅的位置）。其创建年代不详，但应不会晚于奥连特电影院。与它相邻不远的中国大街31号还有一个“列诺麦电影院”。1909年，在道里秋林公司处还开办过一座“托尔斯泰电影院”。

哈尔滨俄侨在中国这个神秘的东方国度留下了他们清晰的足迹和难忘的记忆，也为哈尔滨留下了宝贵的文化遗产。

▼ 1906年哈尔滨创办的捷克坦斯电影院

▲ 1908 年开办的热烈喝彩 - 幻术电影院

▲ 1912 年焚后重建之奥连特电影院

▼ 格兰德 - 最高纪录电影院

纪念五一 劳工神圣

哈尔滨是中国最早举行纪念五一国际劳动节活动的城市。

1907年4月，中东铁路哈尔滨总工厂机车分厂工人吴泰便在工人当中积极宣扬俄国工人纪念五一劳动节的活动，动员中国工人开纪念大会，得到热烈响应。工人代表们联络俄国工人，双方一致决定在5月14日（俄历5月1日）举行中俄工人联合罢工。

当天，哈尔滨铁路及其他行业的3000多名中俄工人，从四面八方向松花江边汇集。在众多船夫的帮助下，他们摆渡过江，在江心十字岛上集会，庆祝五一国际劳动节。当天，哈尔滨商店闭店，饭店关门，工厂罢工，学校停课。可想其规模之大，影响之广！

纪念大会上，中俄工人代表发表演说，号召大家团结起来，反对沙俄专权，并提出改善劳动条件、实行8小时工作制等要求。会后，代表们还致电俄国社会民主工党，表示愿与他们在工人事业中团结一致，坚决战斗。

夜幕降临，中俄工人在埠头公园（现兆麟公园）剧场举行了露天集会。市俄国警察局长闻讯，派米特罗法诺夫骑兵上尉率外阿穆尔军区一个骑兵连前往弹压。为强制驱散集会的人们，骑兵上尉命令朝剧场上空开了枪。公园里集会的人们，还有在剧场参加音乐会的观众惊恐万分，极为愤慨。所幸，子弹飞过剧场上空，并未伤人。

清朝末年，哈尔滨中俄工人便声势浩大地纪念五一国际劳动节，理所应当在中国工人运动史上留下浓墨重彩的一页。

哈爾濱 ‧‧‧‧‧紀勞動會演說中 陽曆五月初一
日爲勞動者紀念大會無論爲商界工界上中下等
社會凡以勞力得衣食住者均於是日示威運動[illegible]
[illegible]五月一日哈爾賓埠俄國勞動者亦擬舉行此會
然因俄長官不准故未敢在鐵路租界內舉行而至
松花江北岸集會共**集三千餘人**由午後一
點鐘至六點鐘演說者皆社會民權及社會革命兩
黨演說畢會散頗爲安謐此後並擬在江沿公園內
之戲園仍集會經某演說員阻止恐與警察衝突也
晚間紀念會並未再次舉行乃晚九點鐘俄警察長
帶同俄邊防隊到花園預備彈壓兵隊前進園不識
何人置於鼓下樓使向空中開放手槍一[illegible]以此爲
偵探一警察長當令兵丁一並向空中開槍於是戲
園觀戲者大驚適總領事劉巴在此大衆當向要求
轉飭警察長將兵丁帶出劉領事立刻轉飭警察長
將兵丁帶回至鼓手樓後之放槍者亦不知何往並
無致傷一人聞現已派裁判處某顧問官查辦一切

▲《盛京时报》对哈尔滨中俄工人纪念五一的报道

▼埠头公园剧场

重根义士 击毙伊藤

▲ 安重根义士塑像。基座刻着义士手书“国家安危，劳心焦思”

安重根在哈尔滨火车站击毙伊藤博文的义举，是震撼世界的重大历史事件。

日俄战争后，帝国主义列强争夺殖民地斗争的战略重点由远东转移向了欧洲和近东，日俄两国在远东由争霸转向了勾结。1909 年 10 月 26 日，日本枢密院议长伊藤博文乘专车来哈，拟与先期到达哈尔滨的俄国财政部大臣戈果甫佐夫秘密会晤，然后转赴俄国密谈。

上午 9 时许，专车进站。戈果甫佐夫等人登车会见伊藤博文。随后，伊藤博文走下车来，在中东铁路公司会办文哲里、日本驻哈尔滨总领事川上俊彦、南满铁道株式会社总裁中村是公等人簇拥下，会见了各国驻哈领事、旅哈日本侨民。

正在伊藤博文准备走向仪仗队时，突然，一位梳短发着西装的青年人从欢迎队伍中冲出，在距伊藤博文六七步远的地方，举枪快速射击。伊藤博文连中三枪，顿时，站台上惊呼声、狂喊声乱作一团。

伊藤博文被抬回专车进行抢救，但很快，这个老牌侵略者便在哈尔滨站的车厢内白布掩面了。与此同时，安重根被捕。

▼ 哈尔滨火车站

伊藤博文在哈毙命前的一瞬间

安重根，字应七，1879 年 9 月出生于朝鲜黄海道海州府，自幼崇尚武功，立志救国。1905 年，日本迫使朝鲜签订《乙巳保护条约》，1907 年又签订《丁未七款条约》，任朝鲜统监的伊藤博文独揽了朝鲜一切内外大权，激起了朝鲜人民的极大愤慨。为此，安重根加入义兵队伍，从事反日爱国宣传活动，屡率队伍与日军作战。

1909 年 1 月，安重根与姜基顺等人断指盟誓，决心救国。同年 10 月，已卸任朝鲜统监、出任日本枢密院议长的伊藤博文乘船抵大连，拟取道中东铁路经哈尔滨赴俄密谈。安重根等人闻讯，认为机不可失，立即制定了刺杀伊藤博文的方案。于是，安重根和禹德淳等于 10 月 22 日火速赶到哈尔滨，24 日按计划来到蔡家沟。当得知 26 日早伊藤博文乘坐的专车经蔡家沟到哈尔滨的消息后，安重根决定两地行动，伺机下手，自己又回到了哈尔滨。

10 月 26 日早，安重根怀揣手枪，潜入哈尔滨火车站，隐蔽在日本人的欢迎队伍中。当他看到专车开进哈尔滨站时，便意识到报国雪恨的重任落在了自己的肩上。火车进站了，他心急如焚地等待着。伊藤博文一下车，他便冲出队伍，掏出手枪，瞄准仇敌，快速射击……

安重根被捕了，但他看到了伊藤博文的末日，从容被捕。1910 年 3 月 26 日，安重根在旅顺英勇就义。

防疫先驱 国之斗士

1910 年 11 月，哈尔滨发生了鼠疫，其蔓延之快、传染之广、死亡率之高，在中国近代史上极为罕见。据滨江厅防疫局报告，到 1911 年 3 月末，傅家甸染疫暴毙者已有 7214 人。《大公报》《盛京时报》报道，哈尔滨鼠疫初时每日死者不过四五十名，至 4 月每日死者七八十名。当时，哈尔滨谈疫色变，人心惶惶。哈尔滨俄国"自治公议会董事会"为防疫，发现疑似染疫的中国人，便强行拉往郊外，或关闭隔离或焚毁房屋，更使不安的国人平添几分恐惧。在此危难之际，伍连德博士临危受命，作为清廷任命的全权总医官率队星夜赶到傅家甸疫区。

伍连德，字星联，祖籍广东新宁（现台山）。1879 年 3 月 10 日生于马来亚槟榔屿（现马来西亚的一个州），1896—1899 年到英国剑桥大学留学。1903 年获医学博士学位，1907 年在天津陆军军医学堂任副监督。

伍连德到傅家甸后，不避危险，不辞劳苦，抵弃旧俗，力排干扰，亲自到疫区视察，探寻病源，采取了控制交通、隔离疫区、火化病尸等果断措施。他在工作中尊重科学、兢兢业业、勇于探索，仅用不到四个月的时间便扑灭了这场震惊世界的烈性传染病。清政府为了表彰他的防疫功绩，特授予其陆军蓝翎军衔，加赐医科进士出身。根据伍连德建议，清政府还在北京设立了京师防疫事务局，在哈尔滨设立了东三省防疫处。此为中国自办检疫和防疫机构之开端。

▶ 伍连德博士

1911年4月，在奉天（现沈阳）召开了万国鼠疫研究会，英、美、法、德、日等10余国的著名学者专家出席了会议。伍连德在会上作了题为《蒙古鼠疫与瘟疫的关系之考察》的学术报告，受到与会专家的高度赞赏，人们称他是“战胜瘟疫的斗士”。

辛亥革命爆发后，伍连德被任命为总统府侍从医官，但他仍以主要精力从事东三省防疫处的工作，到处奔走筹集资金，充实设备，引进人才，使东三省防疫工作做得有声有色。经他筹划，在滨江、满洲里、齐齐哈尔、拉哈建立了4家直属医院，伍连德亲自担任滨江医院的院长。1921年1月22日，哈尔滨道外再度发现鼠疫病例。由于防疫组织健全，措施得力，疫情及时得到控制，死亡率明显下降，很快就被扑灭了。1926年9月，滨江医学专门学校在道外保障街成立，伍连德出任校长。该校即哈尔

▲ 滨江防疫会临时消毒所

▲ 火车车皮隔离所

▲ 滨江防疫会消毒队

▲ 伍连德在实验室工作

滨医科大学的前身。1931 年九一八事变后，伍连德转赴北京、上海等地。1937 年到马来西亚定居，1960 年病逝，终年 81 岁。

伍连德是我国近代防疫工作的先驱，国之斗士。他在防疫学方面的建树奠定了我国防疫学的基础，丰富了祖国的医学宝库。中国近代思想家梁启超曾高度评价伍连德在中国现代医学和公共卫生事业方面的成就，说："科学输入垂五十年，国中能以学者资格与世界相见者，伍星联博士一人而已！"

叹革命军 血洒滨江

1911年，中国爆发了辛亥革命。武昌起义的火种迅速地燃遍全国各地，哈尔滨人民也曾看到了革命军鲜艳的旗帜，听到了革命军攻打滨江城激烈的枪声。

1912 年 2 月 16 日是农历腊月二十九，晚 11 时许，傅家甸万籁俱寂。

▶
清末驻扎在滨江关道衙门的士兵

突然城内传来了枪声和喊杀声，人们各自怀着惶恐的、好奇的、兴奋的心情议论着：“革命军打进来了！”

这支革命军是转徙多方、力倡革新的同盟会会员梁廷栋、梁廷樾等革命党人领导的。梁氏兄弟来到东北后，受关东大都督蓝天蔚之委派，联络刘乾一、商震等人，密结军警，收编绿林，经过一段时间的储备粮械、战斗训练，向傅家甸发起了猛攻。革命军斗志旺盛，来势汹涌。吉林西北路分巡兵备道道员李家鳌、署理滨江厅同知林世瀚和驻滨江清军统带么佩珍等人见大势已去，望风而降。

17日年三十早，革命军一鼓作气，拔龙旗，易五色旗，夺据滨江厅，占领电报、邮政局所，在自治公所设立了机关部，并沿街张贴了安民告示，宣布脱离清王朝的统治。当天，革命军令吉林西北路分巡兵备道道员李家鳌邀集滨江各界在自治公所召开临时会议。在会上，梁廷栋、梁廷樾等宣读了共和实行之条件和应革除之弊端，要求讨论议决。但李家鳌一言

◀清末傅家甸西门脸街市

◀清末傅家甸主要街道

不发，林世瀚、么佩珍亦沉默不语，绅商各界人等畏李道员之威严，更不敢出头表示赞同。会议僵持着……

夜里，因为滨江电报所已被革命军占领，对外联络断绝，李家鳌秘密派人跑到道里俄国人的电报局，电告吉林巡抚关于滨江厅的紧急态势。18日大年初一下午3时许，吉林巡抚陈昭常电令拿获革命党人，严加惩办。当晚，清军统带么佩珍派步兵沿街把守，将各商民悬挂之共和旗帜尽行扯碎。19日早，么佩珍率清军马步各队出其不意地对革命军进行反扑。他们向占据自治公所的革命军发起了围攻，搜拿革命党人。革命军毫无戒备，仓促应战。滨江城内顿时枪声不断，烟尘滚滚。双方鏖战竟日，革命军受到内外夹击，终因力量悬殊，弹尽粮绝而失败。梁廷栋、梁廷樾、王泽臣等人牺牲，随后，北洋军大肆逮捕革命党人，其被杀者不下30人。

革命军失败了。清王朝的遗老遗少们再操权柄，弹冠相庆；穷苦的百姓又堕入水深火热之中。辛亥革命在哈尔滨燃起的烈火被扑灭了，但革命军血洒滨江城的事迹及他们大无畏的战斗精神为哈尔滨人民所广为传颂。

十月革命 马列传播

马列主义最早是经哈尔滨传入中国的。东北地区早期产业工人的出现、无产阶级队伍的形成始于中东铁路的修建。早在1905年，哈尔滨就已有了俄国社会民主党和社会革命党，1907年哈尔滨中俄工人就隆重地纪念了五一国际劳动节。也就是说，早在1917年俄国十月革命一声炮响之前，马列主义在哈尔滨就已经得到传播。

▲ 1917年哈尔滨俄国社会民主党委员会出版的《什么是工党》小册子

1917年3月17日，中东铁路哈尔滨

▲ 中东铁路哈尔滨总工厂中俄工人

▲ 哈尔滨中俄工人示威游行声援俄国十月革命

▲ 哈尔滨火车站内月台

总工厂等俄国工人组织成立工人代表苏维埃。5月1日，中东铁路哈尔滨总工厂的中俄工人联合附近货栈、商店、作坊工人，纪念五一国际劳动节。7月27日，中东铁路哈尔滨总工厂、中东铁路印刷所等3000余名中国工人，要求增加工资举行罢工。12月4日，哈尔滨工兵苏维埃收到列宁签署的电报，命其夺取一切权力。布尔什维克领导的哈尔滨工兵苏维埃遂开展了夺权斗争，以其实际行动影响了当时的哈尔滨人民。

1918年1月5日，中东铁路哈尔滨总工厂2250名中国工人要求工资停发卢布，改发大洋，举行罢工。12日，哈尔滨机务段、哈尔滨火车站等1700余名中国工人响应罢工，中东铁路瘫痪近20天。9月2日，中东铁路哈尔滨总工厂中俄工人因铁路当局公布减薪规则举行罢工，随后哈尔滨机务段、中东铁路印刷所、哈尔滨火车站、电报电话局、材料总厂等工人都参加罢工，铁路运输中断10天。

1919年7月，应苏维埃东方战线红军之请求，为阻止帝国主义武装干涉和沙俄白匪颠覆苏维埃，通过中东铁路向西伯利亚运输军队和军用物资，中东铁路工人举行了全线大罢工。7月18日，中东铁路哈尔滨总工厂3000多名中俄工人以拒收西伯利亚纸币为由举行罢工。19日、20日，机车库850名中俄工人和发电厂5600名中俄工人，先后加入罢工行列。24日，罢工工人召开中俄工人代表大会，选举产生中俄罢工委员会，议决八项条件。25日，中东铁路工人联合会宣布全线总罢工，中东铁路全线瘫痪。铁路当局为此威胁、管制、逮捕罢工领袖，甚至动用军警镇压，但罢工工人坚持罢工，并发布《告中国工人书》，用中、俄文印发传单，包围白俄军警进行面对面斗争。罢工持续一个月，铁路运输也中断一个月，有力地支持了苏维埃红军在东方战线的作战。

展四家子 辟新市街

人们常说，道外就是傅家甸。这种说法虽无大谬，然而终有些片面，其实，历史上道外除傅家甸外，还应该包括四家子和北江沿。

随着中东铁路公司确定哈尔滨为“总埠”，傅家甸也逐渐变成人们瞩目的地方。无数中外商贾跑来做买卖，寻求发迹之道；大量穷苦百姓涌来干“老博代”（指出苦力），糊口谋生。

1913年3月，傅家甸设立滨江县后，发展更快，商业繁兴，人口日稠，其地已不敷用。1916年9月，滨江县知事张曾榘禀准上峰，将傅家甸以东相邻之四家子地方约75公顷荒地分为三等，作价出放。一时间，争买地基者颇多。四家子沸腾起来了，到处都在大兴土木。

▲ 滨江新市街

▲ 在滨江新市街开办的新世界旅馆

1917年夏，滨江公园建成了。公园内绿树浓荫，姹紫嫣红，优美宁静。同时，道外十四道街至二十道街的马路竣工，形成了由头道街一直到二十道街的通达大街，整个新市街的规划初具规模。1918年秋，阜成房产股份有限公司兴建的平康里落成（后改为荟芳里），大舞台、饭店、游戏场也相继建立，几十家皮革、织布、织袜、染坊等工厂、商号陆续开业。后来，滨安市场、华乐舞台、新世界旅馆等又办了起来。几年时间，昔日荒凉的四家子已变成了楼阁连绵、商肆林立、车马络绎、行人塞途的闹市。

与此同时，滨江县公署、警察厅、地方审检厅等也移到新市街。1918年，滨江公园附近还办起了东华中学（即哈尔滨市第二中学校前身）。新市街成了滨江县行政、司法、军事、文化教育的中心。

此时，滨江殖滨公司垫修了北江沿，改造了老江坝，修筑了新江坝，开沟筑路，划分街市，栽种树木，分段招商，振江街、大新街等新的街区形成。

五四运动 滚滚洪流

1919年5月4日，爆发了中国革命史上著名的五四运动。哈尔滨人民积极地投入了这一运动洪流，写下了光辉的篇章。

五四运动在北京爆发后，哈尔滨各报连日刊载专电、专稿，详细地报道了北京爱国学生运动的情况，并发表社论、短评，哈尔滨各界纷纷致电北京政府，力争青岛主权，要求释放被捕学生。滨江东华中学等校爱国学生举行示威游行，高呼“打倒卖国贼”“还我青岛”等口号，要求取消

▼ 滨江公园是当时爱国学生集会的地方

▲ 滨江东华中学学生是哈尔滨爱国学生运动的主力军

“二十一条”。随后，滨江道立中学还组织了“学生爱国会”，以对爱国救亡学生运动进行领导。

在五四运动中，哈尔滨人民的斗争是和全国各地人民的斗争紧密联系、互相支持的。运动一开始，北京爱国学生的传单和宣传书就在哈尔滨散发张贴，广为流传。北京学生曾专程来哈，“联络学界，以求采取一致行动”，东华中学等校学生也去北京、天津等地学习，回哈后还举行报告会，介绍京、津等地学生运动的情况。反动统治当局在五四运动爆发后，极力镇压群众的爱国运动。当时管辖哈尔滨各校的吉林省教育厅慑于学生爱国运动之势，通令滨江各学校暂行停课，企图破坏学生运动。滨江警察厅也贴出布告，禁止学生在公园演说，“以免激起他种风潮”，并威胁对散发传单者查究重惩。但是，反动当局的防范扑不灭熊熊燃起的革命烈火，反动当局的恫吓动摇不了革命青年斗争的决心。东华中学等校青年满怀爱国热忱，敢于斗争，粉碎了反动当局的种种阴谋，推动了哈尔滨爱国学生运动浪潮不断高涨。

此外，哈尔滨的商会还同京、津、沪等城市的商会一致行动，抵制日货，力争主权，以救危亡。于是日货在哈尔滨无人问津，《盛京时报》等日本报纸也无人订阅，而《救国周刊》《救国报》等报刊在哈颇受欢迎，订阅者纷纷不绝。

哈尔滨人民的斗争，有力地声援和支持了北京的爱国运动。

百年工大 百年辉煌

哈尔滨工业大学自1920年创办至今，已走过百余年历程。其前身是哈尔滨中俄工业学校，1938年改名为哈尔滨工业大学后校名沿用至今。

新中国成立后，哈尔滨工业大学获得新生。1950年6月7日，中央发出关于哈尔滨工业大学办学方针给东北局的电报，标志着哈尔滨工业大学进入全面改造和扩建阶段。由此，6月7日被定为哈尔滨工业大学建校纪念日。

▲ 哈尔滨中俄工业学校

▲ 20世纪20年代师生合影

1954 年 10 月，哈尔滨工业大学进入国家首批重点建设的 6 所高校行列，是唯一一所京外重点大学。20 世纪 50 年代，学校被誉为“工程师的摇篮”。

1958 年 9 月，邓小平同志来校视察，提出“大厂大校要关心国家命运，高等学校要成为突破科学技术的基点之一”，并指示哈尔滨工业大学“要搞尖端”。按照这一指示和当时形势发展的需要，哈尔滨工业大学对专业设置进行了重大调整，创建了一批尖端专业，到 1962 年已基本完成由民到军的转变，形成了门类齐全、学科互相配套的专业体系，成为为国

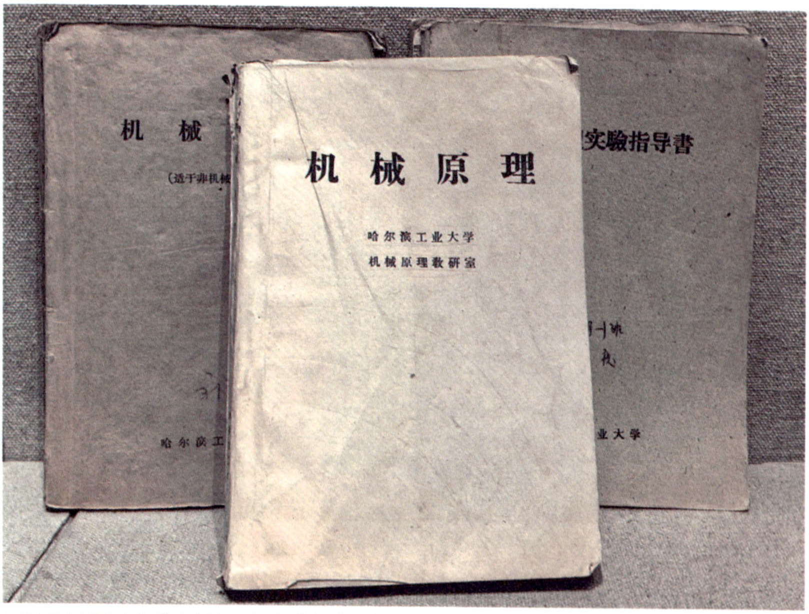

▲ 20 世纪五六十年代哈尔滨工业大学教师所编的讲义

防科技及国民经济建设服务的多科性大学，开创了第一个“黄金时代”。

此后，学校招生规模不断扩大，教师队伍迅速成长，科研工作亦有了很大发展与提高。改革开放后，哈尔滨工业大学迎来历史上第二个“黄金时代”，形成了“一校三区”的办学格局。

1984 年，哈尔滨工业大学再一次被列为全国重点建设的 15 所院校之一。同年，成为全国首批试办研究生院的 22 所院校之一。1987 年 6 月，哈尔滨工业大学成立我国第一个以培养高级航天专门人才和从事航天高技

术研究为主的学院——哈尔滨工业大学航天学院。1996 年成为首批进入“211 工程”建设的院校之一，1999 年成为国家按照世界知名的高水平大学目标重点建设的首批 9 所“985 工程”大学之一。2000 年与哈尔滨建筑大学合并，组建了新的哈尔滨工业大学，学校实力大大增强。2017 年入选“双一流”建设 A 类高校名单……

▲ 哈尔滨工业大学航天学院成立大会

多年来，哈尔滨工业大学秉持“规格严格，功夫到家”的校训传统，形成了“厚基础、强实践、严过程、求创新”的人才培养特色，培养出了共和国勋章获得者、全国五一劳动奖章获得者、全国先进工作者、全国最美奋斗者、全国模范教师、全国高校辅导员年度人物、中国大学生自强之星、中国大学生年度人物等一大批先进典型，培养出了大批优秀人才。截至 2024 年，学校有效发明专利超 1.5 万件，是全国唯一同时获得中国专利奖金奖和银奖的高校。

2020 年 6 月 7 日，习近平总书记致信祝贺哈尔滨工业大学建校 100 周年。贺信指出，哈尔滨工业大学历史悠久。新中国成立以来，在党的领导下，学校扎根东北、爱国奉献、艰苦创业，打造了一大批国之重器，培养了一大批杰出人才，为党和人民作出了重要贡献。

哈尔滨工业大学，无愧为哈尔滨人民的骄傲！

▲ 校园研讨室

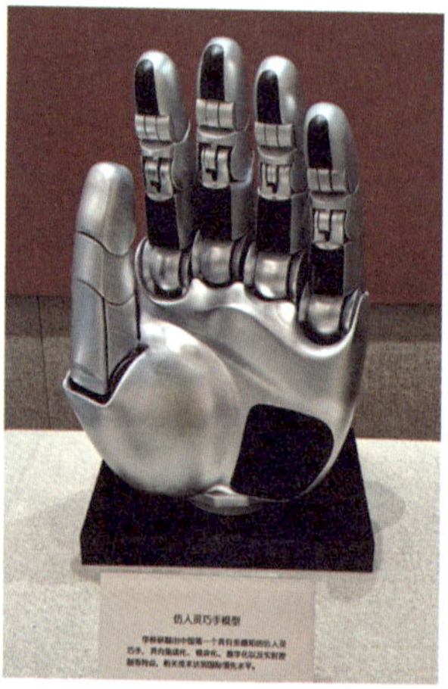

▲ 哈尔滨工业大学研制的仿人灵巧手模型

▲ 校园暖廊

▲ 哈尔滨工业大学主楼

饿乡纪程 游俄绪言

1920 年秋，瞿秋白以北京《晨报》特派记者身份赴苏俄考察，途中曾在哈尔滨滞留了 50 余天。哈尔滨之行，成了他的“游俄绪言”。

1920 年 10 月 20 日，瞿秋白与俞颂华、李宗武一行抵达哈尔滨，入住地段街福顺栈。他们本打算由哈尔滨乘火车直赴莫斯科，到世界上第一个社会主义国家苏俄去寻求那“阴沉沉、黑魆魆的天地间，忽然放出一线微细的光明”，并希望能“拨开重障，放他进来”。但是因为白卫军谢苗诺夫部队横在满洲里、赤塔之间阻断了交通，他们启程日期便延宕又延宕，直至 12 月 10 日才离哈。

在哈尔滨滞留的 50 多天时间里，瞿秋白足迹走遍了道里、道外、秦家岗（现南岗）。他领略了哈尔滨具有异国风情的城市风光，欣赏了哈尔滨的冰雪景致、玉树银花，体察了中国工人住在污秽不洁的偏僻街巷的艰辛生活，并且同情那些顾不得脚下跌滑而喘吁叫卖的报童……

在哈尔滨，瞿秋白应邀参加了苏俄侨民举办的庆祝十月革命胜利三周年的大会，怀着激动的心情第一次听到了雄壮的《国际歌》，听到了关于世界革命、第三国际的慷慨激昂的演说，看到了室内悬挂的马克思、列宁画像。用他自己的话说，在哈尔滨“先得共产党的空气”。

▼ 福顺栈所在的道里地段街

此外，他还到三十六棚、日本商品陈列馆、戊通公司等地进行了广泛的社会调查，与在哈尔滨的同学共论国事，与饭馆老板促膝长谈。他接触了许多中国苦力和苏俄工人；访晤了《国际协报》主笔张复生，探讨哈尔滨文化问题；多次拜会了哈尔滨苏俄布尔什维克机关报《前进报》总经理国尔察郭夫斯基，了解中东铁路和工人运动的情况；专门邀见了白卫军谢苗诺夫机关报《光明报》的主笔，探得谢苗诺夫与日本人勾结的内幕……

瞿秋白在广泛的调查中，以其敏锐的洞察力分析了当时哈尔滨政治、经济和文化各方面的形势，指出十月革命后哈尔滨变成了“俄国新旧党的纠葛地”，“亡命者的白党，资本家将军都聚集在此地。成天在街上只看见俄

▲ 庆祝十月革命胜利三周年大会举办地

▲ 瞿秋白曾到中东铁路哈尔滨总工厂进行过调查

国人，那些亡命的资产阶级却还是高楼大厦的住着，吃得饱饱的肚皮，和日本人鬼鬼祟祟串些新鲜把戏”，“俄国势力倒了——旧俄帝国已死——日本却又来了”，“卢布跌落，日本金票几有取而代之之势”……

瞿秋白这些颇有见地的思想在其所著《饿乡纪程》中都有生动的描绘。这些记载和见解至今对我们研究哈尔滨城市史仍有重要的意义。

革命洪流 救国运动

1922 年 1 月 18 日，美国代表在华盛顿会议上提出中东铁路国际化方案。消息传来，群情激愤。2 月 2 日，哈尔滨“救国唤醒团”组织各界计千余人举行游行示威，抗议中东铁路国际共管。2 月 10 日，由“救国唤醒团”发起，在滨江公园冒雪召开了市民大会，与会者 6.8 万人。会上发起人和各团体代表发表演讲，会后还举行了声势浩大的示威游行。

1925 年 5 月 30 日，五卅运动爆发，哈尔滨各界人民闻讯，莫不义愤填膺，热血沸腾。“哈尔滨国民外交后援会”“学生沪案后援会”“妇女协进会”等爱国群众团体纷纷成立并发表宣言，激励人们进行反帝斗争。此后，哈尔滨人民还组织了“国货维持会”“学生国货工业团”等团体，抵制外货，提倡国货，反抗外侮，以图自强。

1928 年 5 月 13 日，张作霖与山本条太郎正式签订了出卖东北路权的《满蒙新五路协约》。消息传来，哈尔滨各大中学校学生集会，掀起了反对日本在东北修筑铁路的运动。11 月 9 日，哈尔滨工业大学校（现哈尔滨工业大学）、哈尔滨医学专门学校（现哈尔滨医科大学）及哈尔滨其他大中学校学生 5000 余人集会。会后学生举行游行示威，抗议日本劫夺路权。在道外正阳街口（现靖宇街口）遭军警的堵截，下午，激愤的学生强行冲过封锁，与军警搏斗。许多手无寸铁的学生被打得头破血流。下午，愤怒的学生再次集结成队，包围了滨江县公署和滨江警察厅，抗议军警镇压学生运动。哈尔滨“一一·九”学生运动打乱了日本掠夺中国东北路权的计划，推迟了修筑“五路”的进程，也表现了哈尔滨青年学生爱国反帝的大无畏斗争精神。

哈尔滨学生举行游行示威，抗议日本劫夺路权

出席六大 红色之路

1928 年 4 月，中共中央决定在莫斯科召开中国共产党第六次全国代表大会。全国各地代表将分批前往莫斯科，除部分人从上海乘轮船经海参崴赴苏外，大部分人是经哈尔滨过满洲里或绥芬河出境去莫斯科的。为此，中共中央决定在哈尔滨设立秘密接待站，护送代表安全赴会。

中共哈尔滨县委书记李纪渊和共青团哈尔滨县委委员阮节庵担负起了这一光荣艰巨的重任。中共中央组织部又委派瞿秋白的夫人杨之华协助他们完成接待护送的任务。中共六大代表接待站就设在埠头区面包街（现道里区红专街）14 号阮节庵的家里。

从 4 月份开始，中共六大代表分三批陆续秘密来哈，到中央大街一处估衣铺凭暗号与接应的李纪渊成功接头，再由阮节庵、沈允慈夫妇或杨之华安排食宿，然后在哈尔滨火车站秘密安全地被护送上车，经口岸出境。好在当时中东铁路正处中苏共管时期，车上的乘务人员都是苏联人，安全有相当的保证。代表们大部分是走中东铁路西线经满洲里出境的。临行前，接待人员交给每名代表一个过境号码，在满洲里车站附近，代表将手中号码与守候的马车号码相对。核对无误后，把自己的号牌交给苏联马车夫，直接上车出发，苏方接待站再安排代表乘火车去往莫斯科。也有少数代表是经绥芬河出境，在海参崴乘车赴莫斯科的。

在哈尔滨接待站的精心妥善安排下，中共六大代表 40 余人陆续安全抵

▶
面包街中共六大代表接待站旧址

◀
阮节庵、沈允慈夫妇

达莫斯科，确保了1928年6月18日中共六大的顺利召开。这次重任的顺利完成，再次验证了哈尔滨及以其为枢纽的中东铁路是中国革命历程中的红色之路的论断。

多元文化融合

多元文化融合

我之邦邑 更改街名

哈尔滨街名是伴随着哈尔滨城市的形成而产生，又随着她的发展而改变的。

20 世纪初，哈尔滨的街名具有明显的殖民主义色彩，很多街名本身就是沙俄侵华的历史见证。警察街（现友谊路）是由于 1899 年中东铁路在此设立第一个俄国警察局而命名；炮队街（现通江街）、哥萨克街（现高谊街）和马街（现东风街）之命名，是因为 1900 年刽子手萨哈罗夫“救援哈尔滨兵团”乘船到哈登岸后，曾在这里驻扎过俄军炮队、哥萨克部队和骑兵部队；药铺街（现中医街）则是由于俄国人在这里开办了第一个西药铺而得名。还有军官街（现霁虹街）、面包街（现红专街）、商务街（现上游街）、监狱街（现西头道街）、教堂街（现革新街）等很多街名，都反映了这些街道的历史面貌和最初的形成因素。

▼ 历史上的霍尔瓦特大街

▲ 中国大街改称为中央大街

哈尔滨早期街道有不少是以国名命名的，如道里西六道街当年叫日本街，西十道街叫俄国街，中央大街叫中国大街。有的是以地名命名的，如安平街当时叫华沙街，安发街叫阿尔巴津街，大成街叫海拉尔街。有的是以外国人名命名的，如河曲街曾称为罗蒙诺索夫街，宣化街称为马克西莫夫街。当时，俄国人操纵的“自治公议会”还曾先后以中东铁路管理局局长霍尔瓦特、副局长希尔科夫和地亩处长关达基等殖民者的名字命名了霍尔瓦特大街（现红军街与中山路）、希尔科夫王爵街（又称王爷街，现地段街）和关达基街（现哈药路）。这种无视中国主权的举动，曾激起了哈尔滨人民的极大愤慨。

20 世纪 20 年代，在收回了中东铁路管理局攫取的警察、司法、邮政、地亩、航运和市政权后，“邦邑固我之邦邑，（街道）何为他国人名而名焉？”的呼声遂得到伸张。1925—1927 年，哈尔滨部分街名陆续更改，换上了中文街牌。如废除了由道里监狱街至学堂街的俄文街名，按顺序依次定为西头道街、二道街至十五道街，又分别以“安”“文”“宣”“河”等字开头更改了许多街名。此外，还巧妙地用原街名译名谐音改造了一些街名，如把要紧街改为耀景街，账房街改为上方街，巴尔干街改为巴山街，比利时街改为比乐街，鲍罗金街改为巴陵街，医院街改为颐园街，育养街改为雨阳街……

20 世纪 20 年代的街名改造，顺应了收回各项利权的大势，反映了哈尔滨人民民族独立和主权意识的觉醒。

西乐传入 百年交响

随着中东铁路的修建，西洋音乐便传入了哈尔滨。早在 1899 年，捷克人埃尔姆利家族小乐队就在哈尔滨首次举办了室内音乐会。

1908 年 4 月，俄国外阿穆尔铁路旅团第二营管弦乐队就在哈尔滨成立“中东铁路管理局交响乐团”，其第一场交响音乐会在中东铁路俱乐部后花园演奏了俄国著名作曲家柴可夫斯基的《1812 年序曲》和作曲家鲍罗廷的《第五交响曲》片段，受到人们热烈欢迎，成为交响乐在哈尔滨奏响的序曲。

俄国十月革命后，因该铁路旅团的解体，这种军乐演奏形式逐渐销声匿迹。与此同时，俄国革命汹涌的大潮却把俄国许多有声望的音乐家送到了哈尔滨。

1919 年，久负盛名的俄国喀山交响乐团指挥家梅捷尔来到哈尔滨，发起并组建了中东铁路俱乐部交响乐团，开启了哈尔滨交响乐团的新阶段。此时，一大批来自彼得格勒、莫斯科、基辅等地的师出名门、造诣很深的著名演奏家、歌唱家，如斯卢茨基、格拉夫曼、特拉赫金贝尔格等，都汇聚在中东铁路俱乐部交响乐团。该乐团因名家汇聚、演艺精湛

▼ 中东铁路俱乐部

▲ 1908 年时的中东铁路俱乐部（原霍尔瓦特官邸）

声名鹊起，驰名远东。由小提琴家希费尔布拉特（后来是特拉赫金贝尔格）领衔的哈尔滨弦乐四重奏组几经改组，更是闻名遐迩，蜚声中外。

1924 年，中东铁路实行中苏共管，次年苏方管理局局长伊万诺夫下令凡未加入中国或苏联国籍之铁路员工均予开除，并停止了对中东铁路俱乐

▲ 中东铁路俱乐部交响乐团演职人员合影

► 中东铁路俱乐部交响乐团演出中

部交响乐团的经费支持。于是，交响乐团中 30 余人应日本交响乐协会邀请签约赴日本演出，后来梅捷尔、克尼希等一批乐团骨干被日本交响乐团挖走。从此，中东铁路俱乐部交响乐团以哈尔滨交响乐团的名义经营着。

西洋音乐 欧风东渐

哈尔滨华洋杂处的历史环境、多元文化共生的历史文化现象造就了哈尔滨近代城市多元文化交融的文化特质。这种多元文化的交融集中地表现为哈尔滨是西方文化传入中国的陆路窗口，也是将中国传统文化介绍到西方去的重要驿站。

中国西洋音乐教育始于哈尔滨。早在1921年，哈尔滨第一音乐学校已经创办，1925年又开办了格拉祖诺夫高等音乐学校，1927年再办哈尔滨音乐训练班。此后，1929年还创办了哈尔滨音乐专科学校，1947年设立哈尔滨苏联高等音乐学校。每所音乐学校都有高水平的师资队伍，其中很多人是毕业于彼得格勒（列宁格勒）、莫斯科、基辅、柏林、巴黎、莱比锡音乐学院的杰出的音乐家，如特拉赫金贝尔格、格尔施戈琳娜、戈里德施京、迪龙、鲍斯特列姆、雅斯特列姆、吉斯金特、恰普里克等。

▲ 哈尔滨第一音乐学校以中东铁路商务学堂为校址创办

▲ 格拉祖诺夫高等音乐学校师生合影

▲ 哈尔滨音乐专科学校教师合影

▲ 哈尔滨苏联高等音乐学校校长特拉赫金贝尔格在辅导中国学生

▲ 哈尔滨格依戈涅尔爵士乐队曾风靡远东

20 世纪 20 年代末，哈尔滨还曾活跃着一支风靡远东、享誉中外的爵士乐队。其指挥是著名钢琴家、作曲家德·伊·格依戈涅尔。因此，人们称其为格依戈涅尔爵士乐队。1930 年，美国哥伦比亚唱片公司曾慕名专程来哈，为该爵士乐队灌制唱片，在欧美发行。乐队精心排练、激情演奏的《请来安慰我》《宁静遥远的海洋》《月季花》《犹太人舞曲》等 40 首狐步舞和探戈舞曲享誉中外。在乐队伴奏下，著名女歌手索菲亚·别莉茨卡娅演唱了多首犹太民歌。

当时，哈尔滨最负盛名的文学艺术杂志《边界》的记者曾不无骄傲地以《全世界都在倾听哈尔滨人的音乐》为题报道了这件事，给我们留下了宝贵的有迹可循的记忆。

一大批艺术家从哈尔滨走向世界更使哈尔滨誉满全球。在巴黎、纽约、柏林、悉尼、东京、莫斯科、新加坡曾活跃着很多“哈尔滨籍”的艺术家。美国著名影星伯连纳（尤里·勃里涅尔），被美国媒体誉为“伟大的钢琴家”的科兹洛夫，东京新交响乐团首席小提琴、音乐学院教授希费尔布拉特，德意志室内乐创始人赫尔穆特·斯特恩，白俄罗斯功勋演员拉伊斯基，澳大利亚的波戈金兄弟等都曾是“哈尔滨人”！

▲ 德国爱乐乐团首席小提琴赫尔穆特·斯特恩

▲ 美国著名影星伯连纳在《真假公主》中的演出剧照

芭蕾舞台 星光熠熠

中国最早的芭蕾舞学校建在哈尔滨。20 世纪 20 年代初，芭蕾舞便较早地传入哈尔滨。早在 1921 年，莫斯科皇家芭蕾舞剧院的著名演员尼基弗尔·伊万诺维奇·菲奥克季斯托夫便率队来哈演出。1922 年，著名芭蕾舞演员伊丽莎白·瓦西里耶芙娜·科维亚特科夫斯卡娅就在哈尔滨创办了芭蕾舞学校，可以认为是芭蕾舞艺术传入哈尔滨之嚆矢。日本芭蕾舞协会副会长小牧政英就是科维亚特科夫斯卡娅芭蕾舞学校的学生。自此，一大批资深望重、技艺精湛的俄国芭蕾舞艺术家随着 20 世纪 20 年代初的苏俄移民潮，从彼得格勒、莫斯科和其他一些城市汇集于哈尔滨。他们在这里或组队登台献艺，或办学甘为园丁，将《天鹅湖》《睡美人》《胡桃夹子》《葛蓓莉亚》等不朽名剧搬上哈尔滨舞台，为提高哈尔滨人的艺术修养、为培养哈尔滨的艺术人才、为哈尔滨音乐之城的形成奠定了深厚扎实的基础。

▲ 莫斯科芭蕾舞团青年演员在哈尔滨演出

▲ 安德烈耶娃芭蕾舞学校学生在练功

▲ 安塔列斯在舞剧《泰尔普西河拉》中的精彩表演

▲ 特鲁多夫斯卡娅在哈尔滨的演出剧照

▲ 普列奥波拉任斯卡娅和伊热夫斯基演出剧照

1930年9月1日，哈尔滨安德烈耶娃芭蕾舞学校开办，培养了尼娜·克热芙尼科娃等一大批芭蕾舞人才。天才的芭蕾舞演员安德烈耶娃是俄国皇家马林斯基剧院芭蕾舞团著名的芭蕾舞演员库里切夫斯卡娅的学生。她在哈开办的芭蕾舞学校教授古典舞、民族舞和技巧舞，久负盛名。学校也因此遐迩闻名。20世纪30年代上海的芭蕾舞明星演员很多是来自哈尔滨的。哈尔滨芭蕾舞演员安塔列斯、特鲁多夫斯卡娅、普列奥波拉任斯卡娅和伊热夫斯基等曾在日本、印度、朝鲜、新加坡、菲律宾等国巡回演出，享有盛誉。

荷花学校 美术园地

西洋美术教育也是较早经哈尔滨传入中国的。荷花艺术学校开办于1921年，所设专业有素描、色彩画、声乐、话剧、芭蕾、钢琴、小提琴和乐理。不同时期该校还开设过雕塑、朗诵、哑剧和艺术史等课程。在该校任教的教师大多是从事艺术教育多年并颇有影响力的艺术家。米哈伊尔·基奇金是毕业于斯特罗加诺夫美术学校和莫斯科绘画雕塑建筑艺术学校的高才生、才华横溢的肖像画家，在此教授素描和色彩画。雕塑课教师阿·卡缅斯基是基奇金在莫斯科绘画雕塑建筑艺术学校的校友，后来又到法国巴黎深造，从师于著名雕塑家罗丹。音乐专业的各门课程主要由卡·拉扎列娃及其丈夫勃·拉扎列夫负责。卡·拉扎列娃是闻名于世的莫斯科特

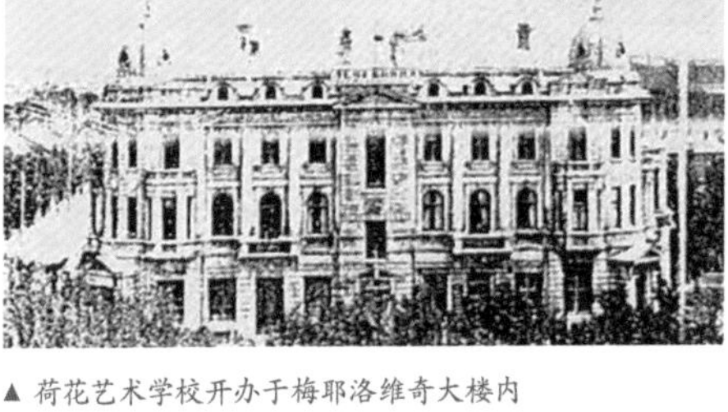

▲ 荷花艺术学校开办于梅耶洛维奇大楼内

▲ 荷花艺术学校画室

▲ 荷花艺术学校部分教师合影

▲ 基奇金肖像画《老书法家》

▲ 斯米尔诺夫水彩画

列季亚科夫艺术博物馆的创始人巴·米·特列季亚科夫的外孙女、俄罗斯著名钢琴家和指挥家齐洛季的女儿。艺术史课教师是阿·阿·别尔纳达齐和瓦·米·阿纳斯塔耶夫。话剧课教师是演员吉·伊·卡扎科娃。造型艺术和雕塑课教师是著名教育家阿·霍洛季洛夫。荷花艺术学校曾是哈尔滨艺术家特别是美术家的苗圃，它培养的大批人才后来活跃于世界各地。

大师弟子 云集哈埠

世界著名艺术大师们的弟子曾活跃在哈尔滨。闻名于世的小提琴教育家利奥波德·奥尔、自成体系的戏剧表演家和戏剧理论家斯坦尼斯拉夫斯基、伟大的油画家列宾和杰出的法国著名雕塑家罗丹的弟子们曾侨居哈尔滨，为西方艺术传入中国作出过杰出的贡献。

小提琴教育家利奥波德·奥尔大师的五个高徒——亚沙·海菲茨、米沙·埃尔曼、叶甫列姆·津巴利斯特、尼古拉·希费尔布拉特、弗拉基米尔·特拉赫金贝尔格都与哈尔滨结下过不解之缘。希费尔布拉特早年曾任格鲁吉亚国立歌剧院首席小提琴，是德国梅克伦堡弦乐四重奏组成员，1920 年来哈，成为哈尔滨著名的弦乐四重奏组的第一小提琴，又在格拉祖

▲ 小提琴家亚沙·海菲茨

▲ 特拉赫金贝尔格等组成的弦乐四重奏组

诺夫高等音乐学校担任小提琴教师。后来成名的小提琴家波戈金、希多罗夫都是他的学生。1925 年希费尔布拉特东渡日本，任东京新交响乐团首席小提琴、东京音乐学院教授。特拉赫金贝尔格毕业于基辅音乐学院，又入圣彼得堡音乐学院从师奥尔深造，俄国十月革命后来到哈尔滨，加盟哈尔滨第一音乐学校，担任艺术委员会主席。由他担任第一小提琴的哈尔滨弦乐四重奏组曾闻名遐迩。20 世纪 30 年代，他是哈尔滨交响乐团首席小

提琴和指挥，40 年代末，出任哈尔滨苏联高等音乐学校校长，50 年代移居澳大利亚，1963 年逝于悉尼。他在哈尔滨生活工作 30 余年，培养的学生数以百计，其中很多人后来蜚声乐坛：“神童”托里亚·卡缅斯基 30 年代在美国一举成名，赫尔穆特·斯特恩成为德国爱乐乐团首席小提琴。他还为新中国培养了傅庚辰、秋里、杨牧云等一批优秀的小提琴演奏家、作曲家、指挥家……

斯坦尼斯拉夫斯基的学生叶卡捷琳娜·伊万诺芙娜·勃莉涅尔曾在莫斯科艺术剧院与斯坦尼斯拉夫斯基同台演出过，直接参与了斯坦尼斯拉夫斯基体系的实践。1935 年来到哈尔滨后，她在商务俱乐部（现哈尔滨科学宫）创办了哈尔滨话剧艺术学校和实验剧团，以其全部身心和才智、全部知识和经验，孜孜不倦地培养了一批批青年话剧艺术家。他们首场演出的话剧是狄更斯的《蟋蟀在堂》，得到了极高的评价。当时的地方报刊曾不无骄傲地说：叶·伊·勃莉涅尔正在哈尔滨创造莫斯科艺术剧院的分院。如今我们也可以毫不夸张地说，她是将斯坦尼斯拉夫斯基体系介绍到中国来的第一人！

俄国批判现实主义画家列宾的弟子阿列克赛·尼古拉耶维奇·克列缅季耶夫曾在列宾工作室工作，得到大师言传身教，受益匪浅。他当过沃木斯克艺术学校校长，在符拉迪沃斯托克（海参崴）师范大学任过教。1931 年来哈，创办画室，从事美术教育工作，培养了一批又一批美术人才。我国著名作家、翻译家、画家、《世界文学》主编高莽当年也是他的学生。

▸ 阿列克赛·尼古拉耶维奇·克列缅季耶夫

▲ 商务俱乐部旧址

中华国粹 输出驿站

人类文化的交流是双向的。哈尔滨不仅是西方文化传入中国的陆路窗口，也曾是把中华优秀传统文化介绍到西方去的重要驿站。很多中外有识之士，尤其是1908年成立的“俄国东方学者协会”学者曾为此做了大量的工作。

早在清末民初就有一批生活在哈尔滨的俄国汉学家、中国翻译家将中国古籍经典译成俄文，系统地向俄国和世界介绍了中国的孔子和儒学、老子和道教、中国象棋、中国民族乐器和聊斋故事等。如：俄国著名汉学家 П.В.什库尔金在《道教概述》中不仅详尽地介绍了道教的历史、老子的生平，诠释了《道德经》的内容，而且插附中国画多幅，生动地向俄国及西方读者介绍了汉钟离、吕洞宾、张果老、李铁拐、蓝采和、韩湘子、曹国舅、何仙姑八仙过海的故事。

早在1906年3月，俄籍华人纪凤台就在哈尔滨埠头区（现道里区）创办了“仙女大戏院”，陆续上演《鱼肠剑》《遗翠花》等中国传统剧目，向外国人介绍中国京剧艺术。这或许是中国国粹最早经哈尔滨介绍

▲1908 年出版的俄文版《三字经》

▲《亚细亚时报》刊出的《老子》

▲《八仙过海》的文章插图

给外国人的历史。1913 年，俄国东方学者协会还邀请傅家甸的京剧演员在中东铁路俱乐部为俄国的观众演出了《空城计》《三娘教子》等中国京剧剧目。著名汉学家格拉德基在演出前，向观众作了题为《中国戏剧的产生、历史发展和现状》的报告，还把戏文译成俄文，发给观众。当时在东省铁路交涉代办处做翻译官的朱舆忱先生也倾注心血翻译了《空城计》《乌龙院》等京剧剧目，发表于《亚细亚时报》，为把中国优秀传统文化推介向国际社会作出了贡献。

1926 年 2 月 14 日，应苏联驻哈尔滨总领事馆邀请，哈尔滨新乐戏园全班在筱桂花等名角率领下，赴苏联布拉戈维申斯克（海兰泡）演出了《孟姜女》等名剧，得到苏联人民的喜爱和好评。这很可能是中国京剧艺术最早走出国门的尝试。

▼ 埠头区仙女大戏院

▲ 中东铁路俱乐部后院的贝壳形音乐厅

长桥卧坡 虹销雨霁

霁虹桥作为哈尔滨名胜史迹，是全国重点文物保护单位——中东铁路建筑群的组成部分，改造扩建后仍不失为城市一道亮丽的风景线。

霁虹桥是连接道里与南岗两区的木造跨线桥，始建于20世纪初，至20年代，随着城市的发展和交通运输需求的增加，窄小的木桥已不适应大批车辆往来和大量物资运输的需要，中东铁路管理局和哈尔滨自治临时委员会决定在此处修建一座钢筋混凝土结构的大桥。

1926年4月，新桥开工兴建，桥设计师为弗拉基米尔·安德列耶维奇·巴利，监工建筑师为彼得·谢尔盖耶维奇·斯维里多夫。桥呈弓形，犹如长虹，全长51米，宽27.6米，车行道宽21.4米，两侧人行道各宽

▼ 建筑精美的霁虹桥

▲ 中东铁路轨道从桥下经过

3.1米。桥的两侧有方尖碑式桥头堡，塔座四周装饰着花环状浮雕。桥下的柱子上还刻有四尊狮面浮雕像，栩栩如生。在坚固的栏杆上则镶嵌了飞轮式样的中东铁路路徽。秀丽挺拔的花盏灯座、镂空嵌花的铁栏杆，构思巧妙，铸造精美，形成了一道亮丽的景观。

1926年11月28日，霁虹桥举行落成典礼。这时，哈尔滨自治临时委员会已经改组，哈尔滨特别市市政局和特别市自治会已经成立，哈尔滨市政权刚刚回到中国人手中。当时的哈尔滨市政要人、各界名流均出席了盛大仪式，中方理事、时任哈尔滨中俄工业大学校（现哈尔滨工业大学）校长的刘哲对霁虹桥的题名做了明确的阐述："此工弓形，比比中高而两下，有如长蛇之势；复参王勃《滕王阁序》'虹销雨霁'之成句而命名，为此并寓意中俄两国由长虹而资贯通云。"其意指中东铁路实行中苏共管后，两国关系虽发生些不愉快的波折和冲突，但经过双方谈判协调后，期待会虹销雨霁，走入坦途。

▲ 霁虹桥桥柱上的狮面浮雕

▲ 霁虹桥栏杆上的飞轮标识

哈市电车 步履维艰

哈尔滨有轨电车创办已近百年。在1987年前，它虽已年近花甲，但还老当益壮，仍足踏两条铁轨，臂擎一根电线，不知疲倦地奔驰着。

说起哈尔滨电车的创办，可谓步履维艰。自酝酿创办至诞生通车，竟历时7年之久。7年里，电车公司曾几改性质，几易总办，几换承包人。哈市电车在它降生人世之前就历尽坎坷和艰辛。

20世纪20年代初，哈尔滨市政权仍操在俄国残余分子手中。当时哈尔滨的电气实业为中东铁路发电厂、秋林公司电厂、法商永胜火磨、日本北满电气株式会社所垄断，中国人办的电业仅傅家甸耀滨电灯公司一家而已。

▲ 霁虹桥上的电车

1920年，哈尔滨“自治公议会董事会”开始张罗招商承办电业，创办电车。在激烈的投标竞争中，徐鹏志依靠地方官绅的支持和永衡官银号的资助，取得了电业承办权，创办了哈尔滨电业公司。1922年，该公司与美国华胜公司签订包工合同，后因华胜公司未能履约，蒙受了巨大

▲ 东大直街电车冬景

损失。不久，哈尔滨电业公司又与美国白克满林敦工程公司另订契约。白克满林敦工程公司更是揽权贪利，狮子大开口，提出哈市电灯电车非800万元不克竣工，而且必须将百万现金存入美国花旗银行，以备支付工资。徐鹏志对此巨款筹措无方，心力交瘁，无奈被迫于1923年11月提出辞呈。

同年哈尔滨电业公司改为官督商办股份公司，委任章启槐为总办。白克满林敦工程公司以原订契约照旧生效为名，屡次来威胁和纠缠，以致“旧累日增、新功不就”。直至1924年8月，哈尔滨电业公司才另与德商西门子洋行商定契约，终于以253万元成交。1925年12月，哈尔滨电业公司与西门子洋行签订合同。

1926年4月，西门子洋行正式开工建设发电厂，铺设轨道。后来，崇配山、李树滋又先后出任总办。1927年10月10日，输电线路架设完毕，轨道铺设完工，电灯送电，电车通车，哈尔滨举行了隆重盛大的通车典礼。当时，仅有由马家沟发电厂（位于现文明街）至警察街（现友谊路）、由喇嘛台（现黑龙江省博物馆处）至中东铁路管理局（现哈尔滨铁路局）两条轨道。电车只有14台。

后来，哈尔滨电业公司陆续取消了此前建成的中东铁路发电厂、秋林公司电厂、永胜火磨发电站等外资发电站的对外供电权，同时收购了民族资本的香坊电灯厂和耀滨电灯公司发电厂，增购了数台电车，展筑了几条轨道。它本身也改成了官办的电业局。哈尔滨的交通事业进一步得到了发展。

▲ 早期的有轨电车

烽火硝烟战歌

烽火硝烟战歌

巩我疆土 保我主权

1931年，九一八事变后，很快沈阳陷落，长春、吉林被占……10月末，原吉林骑兵师长于琛澂投敌，被委为“剿匪”军司令。1932年1月16日，日本关东军东宫铁男指挥于琛澂等部开始向哈尔滨进犯。

1月28日，东北军依兰镇守使李杜、吉林省警备旅旅长冯占海等率所部官兵在哈尔滨极乐寺、文庙、新发屯、上号、小北屯一带与于琛澂伪军激战，击退伪军的进攻；丁超所部士兵击落一架敌机，日军炮兵大尉清水大佐毙命。抗日军取得首战胜利。

▶
日本飞机被击落

为加强对各抗日部队的统一指挥，李杜、冯占海、丁超、邢占清等决定联合成立吉林自卫军总司令部，推李杜为总司令，并举行誓师大会，发表讨逆通电：“在此形势严重之日，正我军人效命疆场之时，赖我各友军深明大义，一致团结，共赴国难……望我父老子弟，念国土之垂危，痛沦胥之将及，互相救危，共策进行……”

▲ 冯占海部爱国官兵严阵以待，抵御来犯之敌

▲ 爱国官兵挖壕据守，誓歼日寇

很快，双城失守，哈尔滨门户洞开。2月2日，日军增调大批兵力逼近哈尔滨南郊。2月3日，日军主力部队到达哈尔滨，以飞机、大炮、坦克为掩护，来势汹汹进犯市区。李杜、冯占海、丁超等各部在市郊与日军交火，以血的代价顶住了敌人猖狂的进攻。

2月4日，吉林自卫军在五家子站、杨马架子、永发屯一带狙击来犯日军。自卫军将士“英勇奋发，誓死抵抗”，日军“伤亡枕藉，几不能支”。2月5日一早，日军飞机、大炮、坦克轮番轰炸，猛烈向市区进攻，在敌我力量悬殊的情况下，自卫军伤亡惨重，难挽残局，被迫撤退。当晚，哈尔滨沦陷。

在英雄的哈尔滨保卫战中，中国共产党地下组织广泛发动群众，组织支前活动。热血青年和爱国群众走上街头，发表演说，散发传单，揭露日本帝国主义侵略中国东北的罪行，号召民众投身抗日救国运动。哈尔滨工商绅学各界为“巩我疆土，保我主权”，掀起自愿捐献劳军热潮。各校学生组成学生慰问团，各界踊跃捐送慰劳品，给了自卫军将士极大的支持和鼓舞。

哈尔滨保卫战是哈尔滨历史上彪炳史册的一页。

▲ 市民救护队舍生忘死救护伤员

艰苦卓绝 抗日斗争

1931 年 12 月，中共满洲省委机关迁至哈尔滨。哈尔滨沦陷后，在中共满洲省委领导下，东北各地党组织进行了抗日斗争，各地抗日义勇军展开了武装斗争。

1932 年 2 月，中共满洲省委召开会议，研究开展抗日游击战争问题，决定派干部到各地指导创建游击队的工作。随后，冯仲云、周保中、杨靖宇、魏拯民、李兆麟、赵尚志、赵一曼等一大批党的重要干部陆续被派到各地建立党团组织，发动群众，开展隐蔽的对敌斗争，或领导抗日武装斗争。

▲ 小戎街中共满洲省委旧址

2 月末，在中共满洲省委领导下，哈尔滨电业工人举行罢工斗争和反日示威。哈尔滨工业大学校（现哈尔滨工业大学）、东省特别区一中（现哈尔滨市第一中学校）等校学生响应省委号召，奔赴农村，参加义勇军和游击队，进行抗日斗争。

4 月 12 日，赵尚志联络中东铁路工人，炸毁香坊到成高子间铁桥，日军村井部队的军用列车颠覆，百余名日兵丧命。

▲ 日军军用列车被炸颠覆

4月30日，活动在哈尔滨周围地区的抗日救国军，分两路攻打市区的松浦镇、马家船口，一度控制了呼海铁路，俘获日军十余人，缴获枪支几十支。

5月4日，抗日自卫军攻打市郊宾州，擒获伪军官兵、缴获枪械之后，逼近市区荒山嘴子一带。

▲ 东北人民革命军战士

5月9日，中共哈尔滨市委印发宣传品，号召群众反对袒护日本的“国联调查团”。

9月18日，哈尔滨总工会为纪念九一八事变一周年，发表《告工人群众书》，号召工人自动武装起来，驱逐日本侵略者，打倒伪满政府。

中共满洲省委团结一切可以团结的力量进行抗日斗争，在伪军警中发展党员，建立党组织。到1933年3月，在哈尔滨伪军中已建立了9个党支部，组织了3个反日士兵会，在伪海（江上）军建立了团支部，在伪警察中建立了两个反日分会。

1933年4月2日，哈尔滨电车工人举行总罢工，市内电车全部停驶，各界工人也召开群众大会声援。4月29日，哈尔滨反日会工人在车站书写“打倒日本帝国主义”标语，引起日伪极大恐慌。哈尔滨铁路工人1000余人，为反对日伪当局开除工人于7月1日举行罢工……

从1932年到1935年，哈东抗日游击队、吉林自卫军曾多次袭击哈尔滨市区荒山嘴子、香坊等地区，并与日军激战。1933年9月，东北人民革命军组建，1936年2月改组为东北抗日联军，其人数最多时发展到3万余人。1941年1月，驻扎在哈尔滨王岗的伪军第三飞行队刘远泰、苏贵祥策动、率领士兵80余人举行起义，击毙伪军官兵十余人，夺取武器弹药、军械物资，投奔抗日联军……

在艰苦卓绝的抗日斗争中，杨靖宇、赵尚志、赵一曼、李兆麟等一大批党的好儿女为国捐躯。他们惊天地泣鬼神的事迹将永远铭记在人民心中。

▲ 抗联战士在艰苦条件下开展游击战争

▲ 东北抗日联军缴获的轻机枪

▲ 东北抗日联军胸章

▲ 日伪哈尔滨警察厅是镇压、残害抗日志士的地方。现为东北烈士纪念馆

细菌工厂 食人魔窟

1932年2月5日，哈尔滨沦陷。1933年7月1日，伪满将原哈尔滨特别市、东省特别区市政管理局辖哈尔滨市、吉林省辖滨江市和黑龙江省辖松浦市政局辖区四市合一，并将呼兰县10屯和阿城县31屯划入，成立哈尔滨特别市。东北沦陷十四年，日伪政权实行了政治统治、军事压迫、经济统制和文化专制。哈尔滨人民过着水深火热、暗无天日的悲惨生活……

▲ 日伪统治下东北人民的生活暗无天日

东北沦陷时期，在哈尔滨现平房区有一个极其隐秘森严的地区，飞机不准在其上空飞行，火车途经这里要放下窗帘，擅入此地者格杀勿论。这就是平房“特别军事区域”——日本关东军防疫给水部队，秘密代号“满洲第七三一部队”。

七三一部队是一支惨绝人寰的细菌战部队，主要研究、生产细菌，为进行细菌战做准备。其规模之大、设备之先进、手段之残忍，是纳粹德国也望尘莫及的。该部队人员最多时达 3000 多人。部队内分设 8 个部，并在海拉尔、林口、孙吴、牡丹江等地设直属支队，在安达设一处特别实验场。部队专门从事病毒、昆虫、冻伤、鼠疫、霍乱、病理、血清、伤寒、结核、药理、跳蚤、植物等方面的研究。此外，还有生产细菌和管理“马路大”的机构。所谓“马路大”，是日文“木头”“材料”的意思，指那些供他们实验用的活人。

关东军宪兵队和特务机关把他们肆意逮捕的部队官兵、爱国者乃至妇孺转送到平房七三一部队特设的监狱，编上号码，专供实验之用。从 1939 年

◀ 七三一部队进行野外细菌战训练

到1945年，先后被七三一部队用于实验消耗的“马路大”就达3000余人！

七三一部队用活人做实验的项目相当多：使“马路大”染上鼠疫或霍乱，观察其发病、死亡的过程；让“马路大”吃掺入细菌的食物，或做人工移植，研究病菌致病的数据；用特制自来水笔或手杖式细菌枪射击“马路大”，检测新式武器的性能效果；对染上细菌的“马路大”采用不同的治疗方法，研究各种药物的疗效……有些“马路大”被反复实验多次，直至死亡。

他们还用活人进行常规武器性能、子弹穿透力等实验。最令人发指的是活人解剖：他们切断人的动脉或神经，然后再连接起来；割下左右两只手，再互换接上去；截断小肠，将其接到气管上；掀开头盖骨，用针刺大脑各个部位；把人体器官分解，浸入福尔马林溶液中……

七三一部队还有专门生产细菌的部门，仅跳蚤孵育器就有4500多个。他们将携带伤寒、霍乱、鼠疫细菌的跳蚤装入瓷壳炸弹，投向目标地区。1940年至1942年，日军就多次在浙江、江西、湖南等省进行细菌攻击战，使这些地区疫病迅速蔓延，死亡者不计其数。

1945年8月，日寇感到末日来临，七三一部队在溃逃前炸毁了地面建筑物，焚烧了细菌实验设施，杀害了被监禁的“马路大”，却放出了染有鼠疫的老鼠和跳蚤，给平房区附近人民的生命和财产造成了巨大损失。

▼ 侵华日军第七三一部队本部大楼

◀
七三一部队被焚之残迹

◀
七三一部队细菌实验室及
特设监狱遗址

离生死场 萧红出走

1927年，萧红挣脱了家庭羁绊，进入哈尔滨东省特别区第一女子中学（现萧红中学校）读书，在这里接受了反帝反封建的革命民主主义思想，逐渐走向成熟。

1928年，萧红积极参加了中共满洲省委领导的反对日本在中国东北修筑“满蒙新五路”的运动。11月5日，哈尔滨工业大学校（现哈尔滨工业

▼ 东省特别区第一女子中学旧址

▼ 萧红与萧军在哈尔滨的合影

大学）、东省特别区一中（现哈尔滨市第一中学校）等大中学校 2000 余名学生手持“打倒日本帝国主义”的旗帜走上街头示威游行。

11月9日，爱国学生再次游行示威。队伍走到正阳街口（现靖宇街口）时，遭到了滨江县军警的堵击，致 150 余名学生受伤，酿成了“一一·九流血事件”。萧红当时在示威游行队伍中毫无惧色，勇敢地冲在前面，散发传单，高呼“打倒滨江县政府”“打倒警察”的口号。她在《一条铁路底完成》中写道：“那时候我觉得我是在这几千人之中，我的脚步我觉得很有力。凡是我看到的东西，已经都变成了严肃的东西，无论马路上的石子，或是那已经落了叶子的街树。反正我是站在‘打倒日本帝国主义’的喊声中了。”这次斗争使萧红受到了一次深刻的反对帝国主义的教育，经历了实际斗争的锻炼和考验。

哈尔滨沦陷后，她在落难中结识了化名“三郎”的从事反满抗日活动的萧军。从此，她以笔为刀枪，投入到反满抗日的文艺创作和活动中。

▼ 萧红与同学游行时走过的街道

1932 年 11 月，中共东北地下党员金剑啸发起组织了“维纳斯助赈画展”，以救济同年秋遭受水灾的难民。萧红赶画了两幅水彩画参展。1933 年，她还积极参加左翼“星星剧团”，以高度的热情和责任感，风雨不误地参加排练，成功地演出了白薇创作的话剧《娘姨》。

对人民的爱和对敌人的恨激发了萧红巨大的创作热情。1933 年，她曾以悄吟为笔名，在《大同报》《国际协报》《哈尔滨公报》副刊上发表了《弃儿》《两个青蛙》《看风筝》《夜风》《腿上的绷带》等散文和小说。这些作品从不同的侧面揭露了日伪统治下伪满洲国社会的黑暗、封建地主阶级对农民的剥削和压榨，也歌颂了人民的觉醒和斗争，思想性日益深刻，艺术性日臻成熟，受到读者普遍好评。萧红一跃成为东北左翼作家群中著名的女作家。

▼《弃儿》初刊书影

棄兒 「悄吟」

（一）

水就像遠天一樣、沒有邊際的漂漾着、一片片的日光在水面上浮動着的大人、小孩、和包裹都呈青暗顏色、安靜的不慌忙的小船朝向同一的方向走去、一個接着一個……、

一個肚子圓得饅頭般地的女人，獨自的在窗口望着、她的眼睛就如塊黑炭、不能發光、又暗淡、又無光、咀張着、胳膊橫在窗沿上、沒有目的地望着、

有人打門、什麼人將走進來呢、那臉色蒼蒼、好像盛滿麵粉的布袋一樣、被人擲了進來的一個面影、這個人開始談話了、「你倒是怎麼樣呢？才幾個鐘頭水就漲的這樣高、你不看見麼？一定得有條辦法、太不成事了？七個月了、共欠了四百塊錢王先生是不能回來的、男人不在、當然要向女人算賬……！「現在一定不能再沒有辦法了、」正一正帽頭、抖一抖衣袖、他的衣裳又像一條被空了的布袋、平板地、沒有皺紋、只是眼眉往高處在抬了抬、

女人帶着她的肚子、同樣地臉上沒有表情、咀唇動了動、

「明天就有辦法、」

他望着店主脚在衣襟下邁着八字形的步子、鴨子樣的走出屋門去、

他的肚子不像饅頭、簡直是小盆被扣在她肚皮上、雖是長衫怎樣寬大、小盆還是分明的顯露着、

倒在床上、她的肚子也被帶到床上、望着頂、由馬路間小河流水反照在的水*

1933 年 10 月，萧红和萧军出版了小说、散文集《跋涉》，引起了社会的关注，也引起了日伪当局对他们的仇视。书被查禁了，人被监视了。1934 年 6 月，萧红和萧军被迫出走青岛，11 月到了上海。在鲁迅先生的支持和帮助下，萧红于 1935 年 12 月出版了著名的中篇小说《生死场》，透

彻淋漓地揭露了日伪欺压百姓的罪行，热情地讴歌了东北人民誓死不当亡国奴的抗日斗争。鲁迅先生亲自为小说作序，指出在《生死场》中，“北方人民的对于生的坚强，对于死的挣扎，却往往已经力透纸背；女性作者的细致的观察和越轨的笔致，又增加了不少明丽和新鲜……她才会给你们以坚强和挣扎的力气”。

▼ 萧红故居

▼ 鲁迅先生为《生死场》所作序之手迹

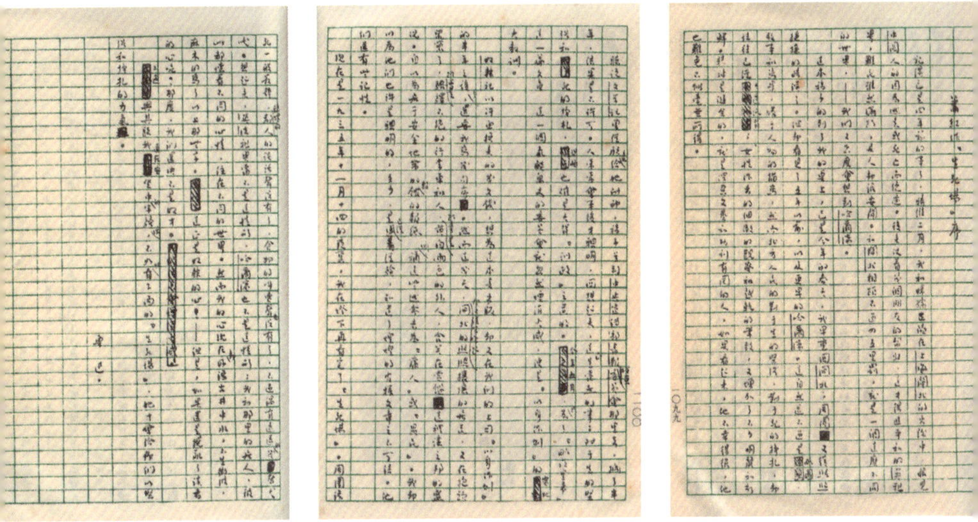

忆牵牛坊 文学抗争

东北沦陷时期，哈尔滨左翼作家群是一个用笔战斗的特殊群体。牵牛坊就是哈尔滨左翼文人聚会、对日伪高压统治进行抗争的阵地。

牵牛坊位于新城大街（现尚志大街）南端，是一栋独门独院的俄式平房。夏秋之际，院里牵牛花盛开，姹紫嫣红，宛如屏障爬满房檐，遂被人们称为牵牛坊。房主冯咏秋乃北大毕业生，长于作画，热情好客，结交了一批爱国文人，组织成立了“冷星社”。逐渐地，萧红、萧军、舒群、金剑啸、罗烽、白朗、方未艾等也加入到了这个群体。于是，牵牛坊便成了左翼作家活动的阵地。他们经常在这里聚会，吟诗作画，评论文艺，谈论世事，抨击日伪统治。

◀
冯咏秋为萧红所画之肖像画

1933 年 7 月，哈尔滨左翼文艺工作者金剑啸、罗烽、舒群、萧军、萧红、白朗等人发起创办“星星剧团”，在牵牛坊排演进步剧目，反对日伪文化专制。“星星剧团”排演的《小偷》《娘姨》《一代不如一代》等短剧如霹雳唤醒国人，如刀枪刺向敌伪政权，受到高度赞扬。由萧军作词、金剑啸谱曲的团歌写道：

我们的身躯渺小，

我们的光芒微弱，

我们的故家是暗远的天空，

我们的任务是接待黎明。

黎明！黎明！黎明到了，我们去了。

自有那伟大的红日，会将友们拂照。

拂照！拂照！只要你们幸福了啊，

我们用不着什么悲悼，

我们永为友你们的幸福笑着，笑着！

同年8月6日，金剑啸、罗烽、姜椿芳等人利用《大同报》创办副刊《夜哨》，同日伪争夺文化阵地。1934年1月，中共地下组织的文艺工作者在哈尔滨《国际协报》创办《文艺》周刊，刊登进步文艺作品和文章。1935年1月，金剑啸在《大北新报画刊》发表短评《结束吧〈文艺〉周刊》，对日伪强令《文艺》周刊停刊表达了强烈的愤慨……

1935年，白色恐怖更加疯狂，牵牛坊不得不停止了活动。为此，冯咏秋画了一幅风景画，请大家签名留念。其中，鲁少曾题诗云：

牵牛扮角逐屋尘，花小香微有志深。

但愿此画传千古，尽是名家历史人。

是的，牵牛坊的故事将永传千古，哈尔滨左翼作家们的精神将永照后来人。

▼ 哈尔滨市道里牵牛坊旧影

▼ 牵牛坊主人冯咏秋在作画

听口琴社 慷慨悲歌

1935年4月1日，在中共地下党员金剑啸、姜椿芳的热情帮助和鼎力支持下，伪哈尔滨邮政管理局职员袁亚成和他的妻子陈涓创办了一家“哈尔滨口琴社”，决定两个月举办一期学员班，教授口琴吹奏，还聘请了哈埠音乐名家任白鸥、刘性诚等为顾问。很多青年人踊跃报名参加了哈尔滨口琴社学员班，其中任震英、侯小古等是学员中的骨干。

8月，口琴社就成立了由第一批毕业学员组成的口琴队，利用业余时间进行排练，准备待时机成熟正式演出。金剑啸、姜椿芳为教育广大的青年人，联络、团结更多的文化艺术界人士，利用这一难逢的机会和难得的阵地，潜移默化地对学员进行了反满抗日的宣传，帮助袁亚成把口琴社办成了进步的爱国文艺团体。

1935年秋，哈尔滨口琴社开始组织口琴队外出演出，锻炼了队伍，扩大了影响，逐渐地有了些名气。不久，哈尔滨口琴社应邀到哈尔滨放送局演播口琴曲合奏。他们演奏了《沈阳月》《轻骑兵》《快乐的铜匠》等乐曲。《沈阳月》控诉了九一八事变之夜日军偷袭北大营，对我国军民烧杀抢掠的罪行。曲调如泣如诉，婉转悲壮，“给人一种和平、安宁的感觉。突然，乐曲声调发生了变化。有如暴风骤雨袭来，阴惨可怖，人们仿佛看到了日

▼ 1935年哈尔滨口琴社全体社员摄影

▲ 道里西四道街口琴社旧址

▲ 口琴音乐大会海报

军屠杀中国人民的残暴；继而又如冷泉在幽谷中呜咽，时而有如闷雷在空中滚动，时而又如壮士面对易水而悲歌……”使听众体味到了民族尊严受到蹂躏的耻辱，激励着在铁蹄下挣扎的人们奋起抗争。

12 月底，哈尔滨口琴社又在巴拉斯电影院举办音乐会，在此演奏了《沈阳月》等多首曲目，引起强烈的社会反响。

1936 年 6 月，在日伪的高压白色恐怖下，金剑啸、姜椿芳等被捕。此后，口琴社仍冒着风险再次在巴拉斯电影院举办音乐会，除演奏了传统曲目外，还演奏了聂耳的《大路歌》等进步歌曲，激起了人们的革命斗志，

◀ 哈尔滨口琴社演出留影

也激怒了凶残的日伪当局。在1937年的“四一五”大逮捕中，伪哈尔滨警察厅特务科逮捕了侯小古和王家文等10余名口琴社成员。

侯小古，原名侯君实，是中国共产主义青年团团员，曾在“天马广告社”协助金剑啸工作，在《国际协报》副刊等报刊发表过许多进步诗作，后以口琴社为阵地积极进行反满抗日宣传。被捕后，侯小古被施以重刑，但他坚贞不屈。1937年9月23日，侯小古在哈尔滨英勇就义，书写了抗日烈士的慷慨悲歌！

起步哈埠 享誉上海

闻名于世的隆德斯特列姆爵士乐队领导者奥列格·列奥尼多维奇·隆德斯特列姆，1916年生于俄国赤塔，5岁便随父母来到了哈尔滨，就读于西大直街的中东铁路商务学堂。当时，商务学堂已有自己的铜管乐队、交响乐队、合唱队，闻名遐迩的哈尔滨第一音乐学校也设在这里。得天独厚的艺术氛围使奥列格和弟弟伊戈尔从小就受到了良好的音乐熏陶。

商务学堂的音乐教师伊·别·拉伊斯基非常欣赏孩子们的热情和天赋。经其介绍，兄弟二人开始向著名的小提琴家希费尔布拉特学习小提琴。希费尔布拉特是奥尔大师的学生，德国梅克伦堡弦乐四重奏组的第一小提琴手。希费尔布拉特东渡日本后，奥列格又从师于克尼希，而伊戈尔改学了钢琴。

◀
奥列格从师于希费尔布拉特学习小提琴

1932 年，奥列格考入哈尔滨工业大学校（现哈尔滨工业大学），攻读铁道电机专业，同时仍在哈尔滨音乐专科学校继续学琴。此时，格依戈涅尔爵士乐队正在哈尔滨活跃着。1930 年该乐队还应美国哥伦比亚唱片公司之邀灌制过唱片。一天，奥列格和同学们到百货商店选购唱片，意外地发现了美国艾林顿、阿姆斯特朗等名家创作演奏的爵士乐唱片，立刻被那饱满和谐的和弦、哀婉动人的旋律、轻松诙谐的节奏所吸引。于是，志趣相投的年轻人开始痴迷于演奏爵士乐。

1934 年年初，奥列格、伊戈尔等人组成了一支爵士乐队，应邀参加了哈尔滨基督教青年会中学举行的“玫瑰舞会”，以《秋之梦》《谁偷了虎皮》等布鲁斯、华尔兹、探戈舞曲赢得了一阵又一阵的喝彩声，从此一鸣惊人。随后，乐队便不断地受到众多团体、学校、俱乐部的邀请，开始了他们的演艺生涯。

1935 年，在中东铁路工作的很多俄国员工返回了祖国。奥列格的父亲被调往顿河罗斯托夫铁道学院工作。当时年仅十八九岁的青年乐手们也被迫离开哈尔滨，南下闯荡世界。在上海，隆德斯特列姆爵士乐队终于以其饱满的热情、勤奋的工作和精彩的演技在“百乐门”占据了一席之地。然而，1937 年日军攻占上海的枪炮声摧毁了他们就地发展的幻梦。1938 年，奥列格一行不得不辗转来到了青岛。

▼ 隆德斯特列姆爵士乐队演出后合影

1941 年年初，他们重返上海，献艺于“百乐门”，随后声名大噪，“百乐门”大楼霓虹灯开始闪烁着英文“奥列格·隆德斯特列姆及其爵士乐队”的大幅海报招牌。1947 年，奥列格·隆德斯特列姆及其爵士乐队回到了俄国，仍不间断地进行巡回演出。

1994 年夏，奥列格·隆德斯特列姆携其爵士乐队访问了中国，重返上海、青岛进行巡回演出，所到之处受到热烈欢迎。

世界歌王 旅哈献艺

1936 年，世界歌王夏里亚宾来哈尔滨演出，盛况空前。迄今，我们似乎依然可看到他站在舞台上伟岸的身影，听到《伏尔加船夫曲》那深沉有力、苍凉悲壮的歌声……

夏里亚宾全名费多尔·伊万诺维奇·夏里亚宾，是闻名于世的男低音歌唱家、第一个被苏维埃政府授予“人民演员”称号的艺术家。20 世纪 20

▼ 关于夏里亚宾来哈尔滨演出的报道

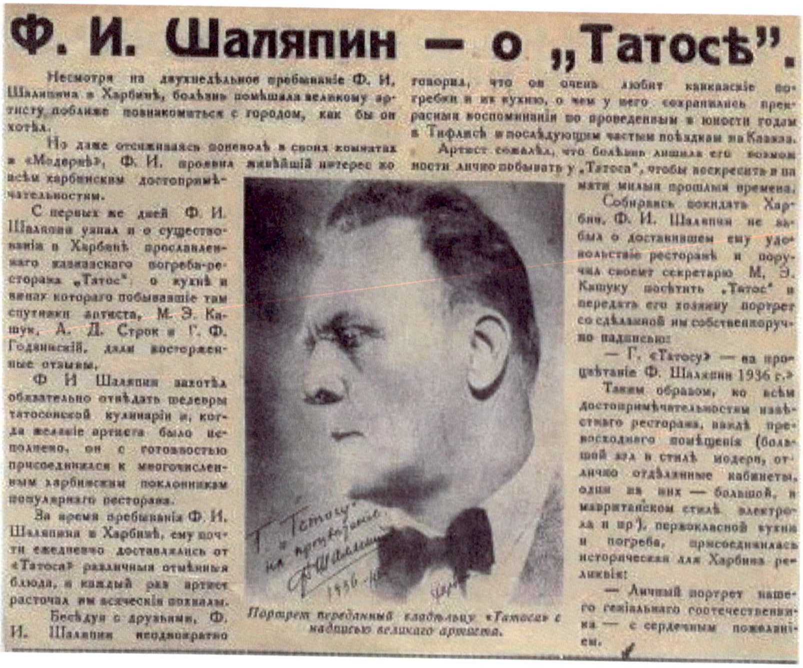

Ф. И. Шаляпин — о „Татосѣ".

Несмотря на двухнедѣльное пребываніе Ф. И. Шаляпина в Харбинѣ, болѣзнь помѣшала великому артисту поближе познакомиться с городом, как бы он хотѣл.

Но даже отсиживаясь поневолѣ в своих комнатах в «Модернѣ», Ф. И. проявил живѣйшій интерес ко всѣм харбинским достопримѣчательностям.

С первых же дней Ф. И. Шаляпин узнал и о существованіи в Харбинѣ прославленнаго кавказскаго погреба-ресторана „Татос", о кухнѣ и винах котораго побывавшіе там спутники артиста, М. Э. Кашук, А. Д. Строк и Г. Ф. Годынскій, дали восторженные отзывы.

Ф. И. Шаляпин захотѣл обязательно отвѣдать шедевры татосовской кулинаріи и, когда желаніе артиста было исполнено, он с готовностью присоединился к многочисленным харбинским поклонникам популярнаго ресторана.

За время пребыванія Ф. И. Шаляпина в Харбинѣ, ему почти ежедневно доставлялись от «Татоса» различныя отмѣнныя блюда, и каждый раз артист расточал им всяческія похвалы.

Бесѣдуя с друзьями, Ф. И. Шаляпин неоднократно говорил, что он очень любит кавказскіе погребки и их кухню, о чем у него сохранились прекрасныя воспоминанія по проведенным в юности годам в Тифлисѣ и последующим частым поѣздкам на Кавказ.

Артист сожалѣл, что болѣзнь лишила его возможности лично побывать у „Татоса", чтобы воскресить в памяти милыя прошлыя времена.

Собираясь покидать Харбин, Ф. И. Шаляпин не забыл о доставившем ему удовольствіе ресторанѣ и поручил своему секретарю М. Э. Кашуку посѣтить „Татос" и передать его хозяину портрет со сдѣланной им собственноручно надписью:

— Г. «Татосу» — на процвѣтаніе Ф. Шаляпин 1936 г.»

Таким образом, ко всѣм достопримѣчательностям извѣстнаго ресторана, вкдѣ превосходнаго помѣщенія (большой зал в стилѣ модерн, отлично отдѣланные кабинеты, один из них — большой, в мавританском стилѣ, электрола и пр.), первоклассной кухни и погреба, присоединилась историческая для Харбина реликвія:

— Личный портрет нашего геніальнаго соотечественника — с сердечным пожеланіем.

Портрет переданный владѣльцу «Татоса» с надписью великаго артиста.

男低音歌唱家夏里亚宾

年代末，由于他在旅居巴黎期间捐助过流亡者，被传资助白卫军而摘掉了“人民演员”的桂冠。陷入痛苦中的歌王虽流落异乡，但至死不渝地对祖国怀着热爱之情。

1936年3月中旬，年已63岁的歌王结束了在日本的演出，来到了素有“音乐之城”盛誉的哈尔滨。消息传来，全城轰动，哈尔滨俄侨更是奔走相告，欣喜若狂。中外文报纸以整版的篇幅报道歌王来哈尔滨的消息，街头张贴着歌王演出的大幅海报。

1936年3月16日、19日、20日晚，夏里亚宾在哈尔滨美国电影院（后称大光明电影院、东北电影院，现已无存）演出了3场音乐会。他刻画的伊万雷帝、鲍里斯·戈东诺夫的形象极具魅力，感人至深；他演唱的《跳蚤之歌》《波斯恋歌》等歌曲绕梁三日，动人心魄。他略带沙哑的男低音透着疲惫、沧桑。当剧场最后响起《伏尔加船夫曲》深沉悲壮的旋律、苍凉浑厚的歌声时，观众如痴如醉，剧场内掌声雷动，经久不息……

夏里亚宾在哈尔滨演出期间下榻于马迭尔旅馆（现马迭尔宾馆）。中央大街的欧陆风韵、周边建筑的和谐精美、马迭尔旅馆的舒适豪华给他留下了深刻的印象。他说他到过很多国家和城市，在这里的感觉很好，没有身处异乡的孤寂。

夏里亚宾在哈尔滨演出期间，恰逢奥西波娃-扎科尔热夫斯卡娅声乐学校隆重纪念建校15周年。夏里亚宾听说这所学校成立于1921年，与著名的哈尔滨第一音乐学校同龄、被称为“声乐艺术之先驱”的时候，非常高兴，欣然前往祝贺。小学员们激动地握住歌王的手，久久不愿离去。

夏里亚宾在接受记者们采访时说：“我不止一次地环游世界，但我的心愿非常淡泊：就是在某个地方，即或在这里——哈尔滨也好，购置一小块地，但必须带有湖泊，以便闲坐垂钓……”

▲ 夏里亚宾演出的美国电影院

从维也纳 到哈尔滨

第一次世界大战期间，哈尔滨救助过大量的乌克兰、波兰犹太难民。同样，在第二次世界大战时期，哈尔滨也以其博大的胸怀接纳了很多德、奥犹太难民。20世纪20年代初，哈尔滨的犹太人口最多时达两万余人。

1938年11月，奥地利维也纳的辛格尔爵士乐队也曾来哈尔滨避难，在甘布里努斯西餐厅驻场演出。

著名钢琴家、指挥家维里莫施·辛格尔在奥地利维也纳、匈牙利布达佩斯、德国柏林音乐界声名显赫。他领导的一支七人爵士乐队同样在欧洲享有盛誉。乐队小提琴手、大提琴手、吉他手、萨克斯手、单簧管手、手风琴手、爵士鼓手也都是颇有些名气的犹太演奏家。1933 年，德国的反犹暴行愈演愈烈。1938 年 3 月 12 日，德国军队开进奥地利，随后奥地利帝国宣布与德意志帝国合并，反犹风暴很快波及到了奥地利。奥地利犹太人的生存受到了严重威胁。辛格尔爵士乐队遂来哈尔滨避难。

1938 年秋，辛格尔爵士乐队的音乐家及家属一行 19 人从意大利出发，经 40 多天的海上颠簸抵达上海，随即转乘船到大连，再坐火车辗转抵达哈尔滨。不久，辛格尔爵士乐队便在甘布里努斯西餐厅开始了他们新的艺术生涯，其家属们也都得到了妥善的安置。

甘布里努斯西餐厅即久负盛名的美国饭店（酒吧）。该饭店 1923 年开办于中国大街（现中央大街），1925 年迁到了马街（现东风街）16 号的一栋楼房。现已无存。

▼ 维也纳辛格尔爵士乐队

席會議
实現東北地方自治
堅持和平民主獨立
自治

曙光照耀新城

曙光照耀新城

苏军进城 哈埠光复

1945年，中国抗日战争和世界反法西斯战争处于最后胜利的前夜。2月4日，美、英、苏三国首脑在黑海岸边克里米亚半岛的雅尔塔，举行了谋划对日作战等问题的会议；7月，三国首脑又在柏林郊外的波茨坦召开会议，商讨对日作战问题以及战后处置德国的相关问题。7月26日，中、美、英三国联合发布《波茨坦公告》，敦促日本立即无条件投降。8月8日，苏联外交部长莫洛托夫接见日本驻苏大使，宣布从次日起，苏联与日本进入战争状态。

8月9日凌晨，苏联红军诸兵种从海陆两方面对盘踞在中国东北的日本所谓的“皇军之花”——关东军发起全线进攻。其中，从北部进攻的苏军强渡黑龙江、乌苏里江后向齐齐哈尔、哈尔滨进军。8月15日，日本天皇裕仁发布诏书，宣布无条件投降。

新華日報

為縮短戰爭時間減少人民犧牲
蘇聯今日對日宣戰
莫洛託夫昨天正式發表聲明
蘇聯已參加中美英三國宣言

▲《新华日报》登载苏联对日宣战消息

▲ 日本关东军缴械投降

8月18日，苏军各分队迅速占领并接管了日本驻哈尔滨总领事馆、关东军宪兵司令部、伪警察署大楼，随后又控制了哈尔滨火车站、松花江大桥和市内其他重要设施。21日发布第一号命令，宣布对哈尔滨实行军事管制。苏军进入哈尔滨后，受到广大市民的欢迎。

▼ 苏军进入哈尔滨市区

▼ 苏军押解投降的日军

▲ 苏军在哈举行阅兵式

9月2日，日本在投降书上签字，至此，浴血奋战14年的东北人民，终于迎来抗日战争的胜利。3日，哈市各界召开庆祝抗日战争胜利群众大会。16日，苏军在哈尔滨举行了声势浩大的庆祝胜利阅兵式。哈尔滨城乡居民也都涌上街头。阅兵后，穿着节日服装的市民游行，欢庆光复。饱受日寇残酷统治奴役的哈尔滨人民，14年来第一次有了扬眉吐气的感觉。

◀ 哈市各界群众欢迎苏军

为了纪念在与日寇战斗中英勇牺牲的苏军战士，11月7日，苏联红军烈士纪念碑在南岗区博物馆广场落成，举行揭幕式。

▲ 苏联红军烈士纪念碑

运筹帷幄 挺进东北

1945年8月中旬，东北抗日联军全体指战员召开反攻东北、配合苏军消灭日本关东军誓师大会。随后，东北抗日联军部队相继返回东北战场，为消灭日本侵略者、收复失地而战。

◀ 东北抗日联军部分官兵

8 月 20 日，随同苏军进入哈尔滨的抗联将领刘亚楼，在苏军人员陪同下代表中国共产党正式接管了伪满“哈尔滨中央放送局”，改名为哈尔滨广播电台，并任命播音员赵乃禾为电台负责人。当天下午正式开始播音，由刘亚楼亲自口授广播稿，赵乃禾朗读，向全市人民播送了第一篇哈埠光复的消息。哈尔滨广播电台成为我党领导下的第一座地方广播电台。

8 月 23 日，李兆麟将军率领百余名抗联官兵到达哈尔滨，成立了抗联哈尔滨办事处。其主要任务是协助苏军接收日伪机关、企业、仓库及军事文化设施，维护社会治安，稳定局势。在苏联军管下，滨江省和哈尔滨市政府成立，谢雨琴任省长，李兆麟任副省长，张廷阁任市长。

同时，被关押在伪满哈尔滨监狱的中共党员、青年团员、抗联战士和反满抗日的爱国志士解放出来，在许公路（现景阳街）“东光寮”大楼成立了“中共北满临时省委”，由周维斌任书记。9月3日，在庆祝抗日战争胜利群众大会上，“中共北满临时省委”发动群众在会场张贴标语、散发传单，积极开展宣传工作。当时的情况下，“中共北满临时省委”在组织发动群众、遏制反动势力在哈尔滨的影响等方面做了大量的工作。

▲ 中共北满临时省委旧址

9月15日，中共中央在沈阳成立了中共中央东北局，彭真任书记，领导党在东北的工作。10月，在中共中央东北局领导下，开到东北的八路军、新四军和东北人民自卫军各部，组成东北人民自治军，1946年1月改称东北民主联军。

10月10日，中共中央东北局派钟子云等人到哈尔滨开展党的工作，撤销“中共北满临时省委”，成立中共滨江地区工作委员会（简称滨江工委），钟子云任书记。同时以滨江省政府的名义成立了哈尔滨保安总队，王建中任总队长，钟子云兼政委。24日，中共中央东北局接管了哈尔滨市公安局，周维斌任局长。25日，滨江工委发布《告全体同胞书》，公开表明中国共产党的政治主张和各项方针政策。

▲ 中共滨江工委旧址

▼ 中共中央东北局北满分局宾县旧址

▲ 中共中央东北局北满分局哈尔滨旧址

至11月中旬，滨江工委已成立了物资保管委员会，接管了哈尔滨报社和广播电台，创办了《松江新报》……滨江工委在夺取和建立政权、发展革命武装力量等方面做了艰苦的工作，扩大了党在群众中的影响，培养了大批革命干部。

11月16日，中共中央东北局北满分局成立。同时撤销滨江工委，成立中共松江省工作委员会。成立东北人民自治军松江军区，组建中共哈尔滨市委员会，钟子云兼任市委书记。

11月17日，苏军为履行《雅尔塔协定》，通知北满分局要将哈尔滨市政权移交国民党政府接管。22日，北满分局、松江省委、松江军区主动撤离至宾县、肇东等地。退出哈尔滨后，北满分局将工作重点由城市转移到农村，建立农民武装，开展清算分田、锄奸反霸、肃清敌伪残余势力等工作，在哈市周围建立了初具规模的革命根据地，为我党顺利解放哈尔滨在思想上、军事上做好了充足的准备。

国民政府 短命统治

1945 年 8 月，在东北的日本关东军缴械投降后，为了争夺抗战胜利果实，8 月 31 日，国民党政府任命熊式辉为国民政府军事委员会委员长东北行营主任，东北行营下设东北保安司令长官司令部，开始强行“接收”东北。同时，东北三省改划为九省三市，哈尔滨市为“三市”之一。

9 月 5 日，国民党公布任命的东北九省三市主席、市长人选，其中，关吉玉为松江省主席，杨绰庵为哈尔滨市长。在当时的形势下，国民党表面上与中共和谈，暗地里却密发“剿匪手册”，阴谋发动内战，在向东北增兵的同时，派遣了大批特务进行秘密活动。其中有军统局特务在道里江沿水上饭店三楼设立的军统局滨江组，还有国民党哈尔滨党务专员办事处。他们在哈尔滨网罗土匪，组编队伍，搜集情报，策反暗杀，大搞反苏反共宣传。

在哈尔滨复杂的形势下，为了团结爱国民主人士，发动广大人民群众，李兆麟、张观、郭霁云等共产党人联合各界民主人士谢雨琴、李国钧等，共同筹建中苏友好协会。11 月 18 日，成立大会在道里大光明电影院举行，李兆麟任会长，谢雨琴为副会长。苏联驻哈尔滨总领事馆副领事罗巴津、苏军卫戍司令部政治部主任马勒文斯坦应邀出席，此外还有社会名流、市民代表等千余人出席。中苏友好协会成立之初，正值我党我军机关撤出哈尔滨，国民党接收大员进入哈尔滨之际。这里成为我党与国民党反动派进行斗争的重要阵地。

李兆麟辞去了滨江省副省长职务，以中苏友好协会会长的身份在哈尔滨继续战斗。中苏友好协会除了负责与我党我军外县机关联系、与党组织派来的干部接头和安排工作外，还积极组织工商界为我军筹措物资，成立了哈尔滨青年自学会（后改称青年共学会），创办了协会机关报《北光日报》，后来又控制了电台，利用报纸、广播宣传我党实现和平、民主，建设新中国的方针和政策……至哈尔滨解放之前，中苏友好协会起到了宣传队、工作队和“播种机”的作用，为我党我军争取群众、团结群众、武装群众，赢得了民心，为迎接哈尔滨解放作出了积极的贡献。

▲ 中苏友好协会旧址

1946 年 1 月 3 日，杨绰庵就任哈尔滨市市长，12 日，关吉玉就任松江省主席。国民党接收大员组成“哈尔滨市政府”后，虽然制定了接收日程及章程，但他们根本没有心思履行政府职责，而是借“接收”之名，行“劫收”之实，过着花天酒地的生活。哈尔滨很快陷入粮煤短缺、工商业倒闭、失业人口剧增、物价飞涨的局面。刚刚摆脱殖民统治的哈尔滨人民又处于水深火热之中。

在成立国民党“哈尔滨市政府”的同时，先期潜入哈尔滨的国民党党务专员、三青团骨干分子、军统特务、土匪头目、日伪残余等反革命力量进行所谓“军事接收”，将哈尔滨市公安局改为“哈尔滨市警察局”，由余秀豪任局长。他横行妄为，任意杀人，袭击枪杀苏军官兵，还将我党领导人李兆麟列为暗杀名单头号人物。

1945 年 12 月 8 日，国民党军统局滨江组特务就曾将《哈尔滨日报》社总务科长李钧误认为李兆麟将军进行杀害。当得知杀错人后，他们又重新部署暗杀计划。1946 年 3 月 8 日，在纪念三八国际劳动妇女节大会上，关吉玉、杨绰庵大放厥词，李兆麟针锋相对，揭露国民党挑起内战的阴谋，同时号召妇女走向社会，参加政治活动，争取自身解放。就在第二天下午 4 时许，蓄谋已久的国民党军统特务派孙格玲（杨绰庵的秘书）等人将李兆麟骗至道里水道街（现兆麟街）9 号杀害。李兆麟将军被害的消息传出后，广大市民极为愤慨，纷纷举行追悼会，谴责国民党反动派的法西斯暴行，呼吁国民党当局迅速缉拿凶手加以严惩。3 月 24 日，哈尔滨十余万群众在道里公园（后改为兆麟公园）为李兆麟将军举行了隆重的葬礼和追悼大会。至此，掀起了更强烈的抗议国民党反动派的群众运动。

3 月 25 日，中共中央东北局拟定了“关于东北大会战的部署”，指示各作战部队在前方坚决进行本溪、四平保卫战，在后方于苏军撤退后迅速

▲哈尔滨群众送别李兆麟将军

▲ 兆麟公园内的李兆麟将军墓

控制长春、哈尔滨、齐齐哈尔。至4月初，中共北满分局已经肃清了国民党在北满地区的伪军土匪，相继解放一批县城，建立了民主政府，北满根据地日益巩固。在哈尔滨周围，东北民主联军已经做好了武装进攻哈尔滨的准备。4月21日，驻哈苏军开始撤离哈尔滨归国。国民党接收大员关吉玉、杨绰庵等人见大势已去，于27日随苏军离开哈尔滨，绕道返回国民党统治区。

四月二八 喜迎解放

1946年4月初，在中共北满分局领导下，东北民主联军三五九旅主力及松江军区主力等担任了解放哈尔滨的任务。以三五九旅司令部、政治部为基础，建立了临时指挥部。松江军区司令员李天佑任总指挥，三五九旅旅长刘转连任副总指挥。

4月23日，在松江省人民代表大会上，与会代表通过了《请求人民自卫军进驻哈尔滨市，以维护哈市人民生命财产案》。次日，中苏友好协会机关报《北光日报》发表了题为《欢迎人民自卫军早日进驻哈市》的社论，指出4月初，哈尔滨社会名流士绅及各群众团体代表所举行之“和平民主大会”，已一致通过“要求人民自卫军进驻哈尔滨市”的提议。随后，在哈尔滨记者协会成立大会上，又发出了这一呼声：“现在为时日迫，人民要求日殷。为期在苏军撤出哈尔滨后，确保社会治安，切实保障人民生活财

▲ 1946 年 4 月 28 日东北民主联军进驻哈尔滨

产之安全，彻底实现政协决议，厉行民主政治，我市八十万市民，特再诚挚呼吁，要求人民自卫军以仁义之师，早日进驻哈尔滨市，则人民幸甚，社会幸甚。”

4 月 26 日，哈市各界代表 130 人联名电请东北民主联军迅速进入哈市。电文曰：“东北民主联军司令钧鉴：哈尔滨市现呈无政府状态，群情惶惑，治安堪虑，至祈贵军迅速进驻市内，以维治安，而慰民望。不胜迫切待命之至！”此时虽然国民党接收大员等已逃离哈尔滨，但仍有几千国民党残余武装企图负隅顽抗。4 月 25 日，李天佑和刘转连等对哈尔滨周围及市内一些地方进行了现场侦查。根据哈尔滨市的敌情和社会情况，确定将进攻哈尔滨的主要方向放在哈南部。此地没有大的江岔子、桥梁等障碍，有一条主要公路直通南岗区，指挥、通信联络比较方便。针对 3 个主要城区的特点，指挥部通知部队：南岗是哈尔滨的军事高地，道里要保护好工商业，道外人口密集要维护秩序；同时要注意保护火车站、码头、桥梁、发电厂、自来水厂、面粉加工厂等涉及民生的设施。

4 月 28 日拂晓，进攻开始了。各参战部队迅速在哈尔滨占领了指定目标，前进途中只在南岗和道外个别地方遇到小股敌人的抵抗和暗枪射击，稍加回击即立刻溃逃。至早 8 时，民主联军全部占领了哈尔滨，抓获国民党军、警、特、匪 5000 余人，收缴长短枪 2680 支，机枪 39 挺、马 650 匹。民主联军特别注意俘虏政策，国民党地下军一部分人被俘后没地方住，就将其安排住进旅馆，而民主联军一些部队在解放哈尔滨的第一天却露宿街头。

民主联军进入市区后，受到全市人民的热烈欢迎。工人、学生、工商人士及普通市民纷纷走上街头，手执小旗，高呼“欢迎人民自卫军进驻哈市”的口号，沿街到处都挤满了载歌载舞欢庆解放的游行群众。

4 月 28 日，这是哈尔滨人民永远铭记的日子。从这一天起，哈尔滨这座有着光荣革命传统的城市，在饱尝帝国主义统治、日寇铁蹄践踏和国民党腐败统治之后，终于回到人民的怀抱，迎来了解放的曙光，成为全国解放最早的大城市。

▼ 1946 年 4 月 29 日《哈尔滨日报》刊登《为进驻哈尔滨告哈市同胞书》

哈爾濱日報

為進駐哈爾濱告哈市同胞書

松江人民自衛軍 司令部 政治部

哈爾濱市衛戍司令部佈告 衛字第一號

哈爾濱市衛戍司令部佈告 衛字第二號

中華民國卅五年四月廿九日

司令員 聶鶴亭
政治委員 鍾子雲

成立政权 实行民主

东北民主联军开进哈尔滨后，受到哈尔滨市民的热情欢迎。同时，北满分局、松江省委和松江军区回到哈尔滨。市委面临的工作千头万绪，任务十分繁重。

▼ 哈尔滨解放后的中共哈尔滨市委机关

首先是成立新的市政府，任命一批管理干部。1946年5月3日，哈尔滨市政府成立，刘成栋任市长。随后中共哈尔滨市委进行了调整，钟子云任市委书记，聂鹤亭、刘成栋、何伟、蒋南翔、杨维、毛诚、唐景阳为委员。5月末，市委全委会议确定了改造旧政府机构、洗刷和改造旧职员、建立基层政权的工作方针。市委首先任命了一批有威望、有专长、懂管理的人为市政管理各局负责人，并采取区别对待的政策，在市政府和公安局内对旧职员、旧警察有计划、有步骤地进行了较彻底的清洗和改造。同时吸收大量积极分子、先进青年参与政权建设。经过艰苦细致的工作，民主政权机构更加有效率，工作热情高涨。6月，中共中央东北局、东北民主联军总司令部及所属机关全部进驻哈尔滨。8月，东北行政联合办事处（后改称东北行政委员会）在哈尔滨成立。哈尔滨成为东北地区政治、军事、文化中心和战略后方。由于哈尔滨在解放战争中所处的地位重要，同年11月份，哈尔滨改为特别市。

此外，7月12号，哈尔滨市委制定通过了“关于哈市的工作方针”，提出当前的总任务是发动市区群众起来争取改善自己的生活，并联合工商业自由资产阶级，彻底摧毁敌伪、封建残余势力与制度，实行民主政治，建立法治秩序，安定人心，恢复与发展工商业，整理市政，并设法解决部分失业工人、贫民之生活。此后，这个方针成为解放战争时期指导哈尔滨建设和发展的一个重要纲领。

7月16日至21日，在哈尔滨还召开了具有民主协商性质的第一届临时参议会，选举了议长和市政委员。市临时参议会成立后，为市政府确定大政方针、民主政治建设、加强政权建设等做了大量工作。刘成栋市长在

▼ 1946年下半年，哈尔滨开始土地改革，民运工作队丈量土地，分给无地、少地农民

▼ 哈尔滨地区农民翻身做主，喜迎丰收

《政府工作报告》中阐明：“政府不是衙门，要给群众办事；用人唯贤，不是用人唯亲；反对官僚主义，实行大众民主的工作作风。”到1947年1月，市政府机关（不包括附属单位）从1200余人减少到290余人，其中留用人员110余人。市公安局则由3200余人减少到1400人，其中旧职员不到五分之一。其他附属机关和公营企业都进行了不同程度的精简。经过反复调整，在清洗敌特分子、顽固不化分子和没有能力的人的同时，吸收了大量积极分子和革命青年参加政权建设，民主政权机构更加纯洁，工作作风有了很大改变。

此外，哈尔滨市委还建立和巩固了区、街政权。哈尔滨区、街政权的建立与市级政权一样，经历了一个复杂的过程。

1946年5月初，市委抽调了百余名干部组成了多个工作队，深入到全市各区开展工作。同时，利用广播电台、报纸和文艺演出等多种多样的方式，宣传党和政府的方针政策，肃清日伪奴化政策和国民党的所谓正统观念的影响，提高人民群众思想觉悟，促使各进步群众团体迅速发展。同年8月以后，东北民主青年联盟、哈尔滨妇女联合会和哈尔滨市总工会相继建立，为民主政权的建立和改造打下了深厚的基础。10月，市委决定对原区政府进行改组，向各区委派了新区长（或由公安分局局长兼任）、副区长，同时酝酿健全街政权。至1947年4月，经过民主选举和市政府委任等多种形式，全市100多个街道设立85个街公所，下设闾、组。街公所的建立，废除了当年统治劳动群众的保甲制度和警察制

▼1946年8月7日，东北各省代表联席会议在哈尔滨举行

度，初步建立了党进行城市工作所必需的基层行政组织，扫除了发动群众的障碍，提高了党在群众中的威信。街公所作为一种过渡性质的革命政权，在历史上起到了一定的积极作用。

解放最早 支援最劲

1946年4月28日哈尔滨解放后，成为东北乃至全国解放的大后方。哈尔滨的解放不仅有力地支援了东北解放战争，而且加速了全国解放的进程。

1946年10月，东北民主联军前线指挥部从哈尔滨迁至双城。在中共中央的正确领导下，前线指挥部指挥大小战役、战斗多次，并连续取得了夏季攻势、秋季攻势、冬季攻势的胜利。1948年1月，东北民主联军根据中共中央军委的指示，改称东北人民解放军，8月整编为东北野战军。

▼ 东北民主联军冒着严寒，雪地作战

▼ 驻哈东北民主联军主力部队“三下江南”作战

▼ 哈尔滨市庆祝沈阳及全东北获得解放群众大会

▲ 第四野战军前线指挥部办公室

▲ 第四野战军前线指挥部旧址

1948 年 9 月至 11 月，东北野战军取得了辽沈战役的巨大胜利，解放了东北全境。随即，东北野战军同华北野战军一起，取得了平津战役的胜利，解放了北平（现北京）、天津等地。

1949 年 3 月，东北野战军改称“中国人民解放军第四野战军”，从华北地区南下，配合第二、第三野战军强渡长江，解放武汉。5 月，第四野战军机关与中原军区机关合并，组成第四野战军兼华中军区。6 月，军区主力向中南地区进军，在第二野战军一部配合下，先后进行了湘赣、广东、广西等战役，另外一部进行了大西南战役。12 月，第四野战军兼华中军区改称中南军区兼第四野战军。1950 年 3 月，进行海南岛战役，5 月 1 日，解放海南岛。

在解放战争时期，第四野战军从东北转战到海南岛，以排山倒海之势痛击国民党反动势力，为解放全东北继而夺取全国的胜利作出了不可磨灭的卓越贡献。

在大后方，为支援解放战争，1946 年 7 月，中共哈尔滨市委向全市人民发出了“一切为了支援前线”“一切为了解放战争的胜利”的号召。各行各业开足马力，加班加点，发展军工、军需生产，适龄青壮年积极参军参战，亦为全国解放战争的胜利作出了重要贡献。

刚刚解放的哈尔滨，在中共中央东北局的领导下，市委动员和依靠全市人民，以前所未有的积极性和创造精神，大力开展建立各级党组织、各级群众组织、工会组织，开展青年运动等巩固人民政权工作，把满目疮痍的哈尔滨建设成政治日益稳定、经济开始恢复、人民生活初步改善的新型人民城市。

▲ 哈尔滨工人制造20门六〇炮，献给东北民主联军

▲ 哈尔滨掀起参军参战、劳军支前热潮

此外，作为全国解放最早的大城市，哈尔滨积累了丰富的接收城市、改造城市、管理城市、建设发展城市，保障民生、保护民族工商业、恢复生产、活跃经济等实践经验，为全国其他城市解放后的城市接管与改造、管理、建设和发展提供了有益借鉴。同时，哈尔滨还培养出大批干部，他们随部队南下，留在陆续解放的城市，把哈尔滨丰富的实践经验与当地实际相结合并加以灵活运用，为所在城市的稳定、恢复和发展作出了重要贡献。

在“三下江南，四保临江”的战役打响之后，1947年1月，市委动员全市铁工厂造枪造炮，支援前方。当时哈尔滨的工业基础相当薄弱，军事工业更无从谈起，除了少数公营厂外，多为私营铁工厂，简陋、分散、条件差是这些工厂的共同特点。但为了解决前线的急需，市委动员组织私营铁工厂进行军工生产，派了专人进行组织协调试验。首先将几个少数工厂选为试点，根据各厂条件，把前线急需的掷弹筒弹分部件进行铸造和加工试制。经过反复试验，产品的质量和生产效率有了明显的改进和提高。当时，由于国民党的封锁，原材料的供应非常紧张，为此哈尔滨市委在动用已有库存的同时，动员各厂挖掘潜力自备原料，发动职工以实际行动多作贡献，多措并举解决原材料供应问题。到1947年末，全市参加军工生产的铁工厂已达300余家。随着工厂数量的增加，军品的生产品种不断增多，型号也逐渐扩大。为此各厂还通力协作，克服了技术参差不齐的难题，为保证高质量的大批生产创造了条件。

从“三下江南”到“辽沈战役”，在近两年的时间里，全市共生产2300多门六〇迫击炮，27万多发迫击炮弹，以及大量的掷弹筒、马刀、六〇宣传弹、八二炮弹、信号枪等武器弹药，及时供应前线。此后，还试制、生产了相当数量的火药、反坦克燃烧瓶及手摇发电机等急需军用品，为全国解放提供了重要的物质保证。

▲ 军服厂的广大工人夜以继日赶制冬装，支援前线

▲ 1947年7月哈尔滨开展“劳军运动周”，哈尔滨地段街妇女会把劳军品送给人民子弟兵

六次劳大 在哈召开

1948 年春，中共中央决定在全国第一个解放的大城市——东北解放区的哈尔滨召开第六次全国劳动大会。

根据党中央的指示精神和东北局的安排，哈尔滨市组成了“第六次全国劳动大会”筹备委员会。哈尔滨市委和市政府十分重视这次大会，市总工会承担了大会的具体筹备工作。6 月至 7 月间，全国各地（包括国统区）代表陆续抵达哈尔滨，哈尔滨市政府、市总工会将代表们安置在马迭尔旅馆（现马迭尔宾馆）、哈尔滨市总工会职工宿舍等地住宿，周密地做好了接待全国各地的代表到哈开会的服务工作。尤其是对于国统区代表，市委指示市总工会要特别注意热情周到地做好接待和服务工作，要使他们体验到革命大家庭的温暖，在精神上凝聚国统区代表。

8 月 1 日，第六次全国劳动大会在哈尔滨兆麟电影院（现儿童电影院）隆重开幕。此次出席会议的代表共 518 人，代表全国有组织的职工 283 万余人。出席大会的不仅有各解放区职工代表，还有国统区各大城市民主工会代表和海外华侨工会代表，充分显示了中国工人阶级的强大力量。

大会由李立三致开幕词，陈云同志作《关于中国职工运动的当前任务》的报告。到会的代表则结合各地的不同情况，分组进行了深入的讨论。中国劳协理事长朱学范介绍了香港民主运动情况，作《关于国民党统治区职

▼ 第六次全国劳动大会在哈尔滨召开

▲ 全国劳动模范向哈尔滨工人讲话致意

▲ 哈市人民迎接与会代表

工运动的报告》，中国解放区工联筹备会主任刘宁一作了《关于国际职工运动工作的报告》，把欧洲两种不同的国家——帝国主义国家与新民主主义国家的经济生活做了介绍。大会还通过了新的《中华全国总工会章程》，选出陈云为中华全国总工会主席，朱学范、李立三、刘宁一为副主席。

会议期间，哈尔滨市委、市政府、总工会、妇联以及各市政企业、铁道工厂等举行盛大晚会，欢迎与会代表。22日，第六次全国劳动大会圆满闭幕。这次会议使解放区、国统区的工人代表之间充分地沟通了情况，开阔了视野，更加增强了团结的愿望和斗争的信心。其作用之深远，影响之大，在工人运动史上都是空前的。

五一口号 筹备政协

1948 年，中国人民解放军在各个战场捷报频传，召开政治协商会议、成立民主联合政府的时机日渐成熟。4 月 30 日，中共中央书记处扩大会议讨论通过中共中央庆祝五一国际劳动节口号，提出“各民主党派、各人民团体、各社会贤达迅速召开政治协商会议，讨论并实现召集人民代表大会，成立民主联合政府”。

“五一口号”由新华社播发后，迅速传遍全国，并在海内外引起热烈反响。在香港的民主党派和民主人士积极响应，表示拥护中共主张。哈尔滨作为最早解放的大城市，被确定为筹备政治协商会议的地点之一。

自 1948 年 8 月起，中共中央就筹备新政协做了周密安排。9 月中旬，由香港北上解放区的第一批民主人士起程，中共中央即致电东北局，要求在民主人士到达哈尔滨后，征询他们对召开新政协会议的意见。10 月至 11 月，中共中央代表同各民主人士就《关于召开新的政治协商会议诸问题（草案）》，在马迭尔旅馆（现马迭尔宾馆）进行协商并达成《关于召开新的政治协商会议诸问题的协议》。这使中共中央和各民主党派、无党派民主人士就何时、何地、以何种方式召开新政协等问题取得共识，为新政协的召开提供了政治基础。

在下榻马迭尔旅馆期间，民主人士积极参与讨论筹备新政协的工作，

▲ 1948 年民主人士下榻的马迭尔旅馆外景

▲ 民主人士会谈的马迭尔旅馆一号会议室

▼《关于召开新的政治协商会议诸问题的协议》

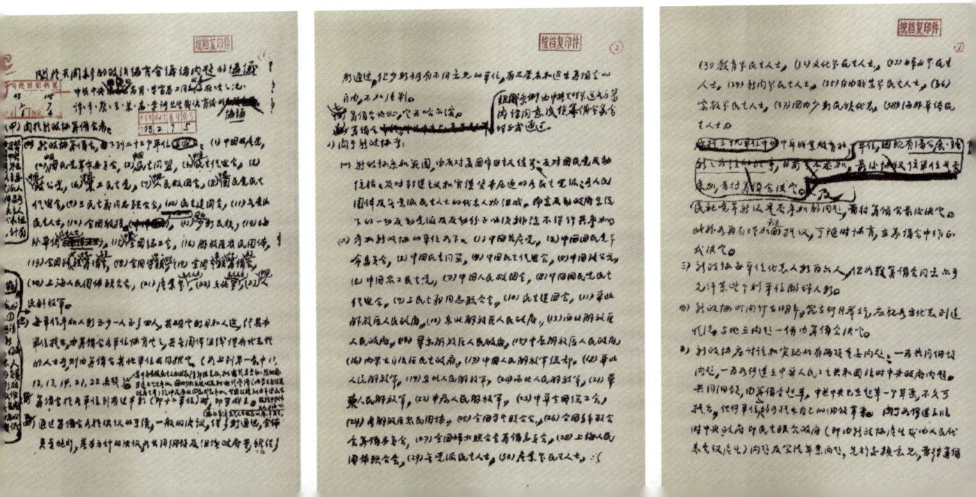

同时通过报纸密切关注时局及解放战场战况。中共中央东北局安排了参观活动，民主人士游览了松花江及太阳岛，参谒了烈士墓及东北烈士纪念馆。11 月底，东北全境解放。在哈尔滨的民主党派代表随中共中央东北局移驻沈阳，与后续抵达的民主人士会聚。中共中央东北局安排他们参观城市和农村，亲身感受东北的新气象，增添了他们在中国共产党的领导下携手建立新中国的信心。

1949 年年初，北平（现北京）和平解放。各路民主人士与中共中央领导齐聚于此。6 月 15 日，新政协筹备会议召开，后会议定名为中国人民政治协商会议。9 月 21 日，中国人民政治协商会议第一届全体会议召开，通过了《中国人民政治协商会议共同纲领》等文件。10 月 1 日，开国大典隆重举行，宣告中华人民共和国成立，开启了中国历史的新纪元。

南厂北迁 苏联援建

1949 年 3 月 1 日，哈尔滨特别市政府改称哈尔滨市政府。4 月 21 日，哈尔滨市政府改为哈尔滨市人民政府，隶属松江省人民政府，为松江省省会城市。中华人民共和国成立之后，哈尔滨市仍隶属松江省。1953 年 8 月 1 日，经中央人民政府政务院批准，哈尔滨市改为中央直辖市，由东北行政委员会代管。

此后，哈尔滨在 20 世纪 50 年代中期，迅速发展成为国内著名的工业基地。可以说，这得益于两个重要的发展机遇。第一次为南厂北迁。由于

▼ 南厂北迁

▲ 工人积极建设北迁厂

朝鲜战争爆发，美帝国主义侵略者不断向我国东北边境挑衅，对东北地区工业基础的建设构成了威胁，中共中央决定从战略角度考虑，调整东北工业布局，把哈尔滨列为重点建设城市，将一大批大中型国营企业由辽宁迁入哈尔滨。迁来的企业有合有分，其中大中型国营企业如哈尔滨第一机器制造厂、哈尔滨松江电机厂、哈尔滨龙江电工厂、哈尔滨电缆厂、哈尔滨轴承厂等。随着北迁厂的建成与投入使用，加上原有企业的恢复扩建，哈尔滨城市工业规模不断发展壮大，工业生产成为城市的主体功能，哈尔滨在短时间内实现了由单一商埠消费城市向重工业城市的转型。这一段时间哈尔滨经济发展的速度是有目共睹的。以“南厂北迁”为标志，哈尔滨的城市经济实现了第一次跨越式发展。

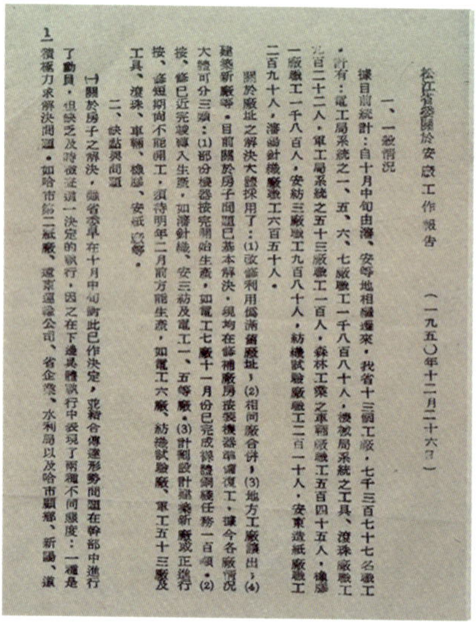

松江省委關於安啟工作報告　（一九五〇年十二月二十六日）

一、一般情況

據目前統計：自十月中旬由瀋、安等地相繼遷來，我省十三個工廠，七千三百七十七名職工。計有：電工局系統之一、五、六、七廠職工一千八百八十人，機械局系統之工具、滾珠廠職工六百二十二人，軍工局系統之五十三廠職工一百人，森林工業之車輛廠職工五百四十五人，橡膠一廠職工一千八百人，安紡三廠職工九百八十人，紡織試驗廠職工二百一十人，安東造紙廠職工二百九十人，瀋陽針織廠職工六百五十人。

關於廠址之解決大體採用了：(1)改修利用偽滿舊廠址，(2)相同廠合併，(3)地方工廠讓出，(4)建築新廠等。目前關於房子問題已基本解決，現均在修補廠房按裝機器準備復工，據今各廠情況大體可分三類：(1)部份機器按完開始生產，如電工七廠十一月份已完成鋅體銅線任務一百噸。(2)按、修已近完竣轉入生產，如瀋針織、安三紡及電工一、五等廠。(3)計劃設計建築新廠或正進行按、修短期尚不能開工，須待明年二月前方能生產，如電工六廠、紡織試驗廠、軍工五十三廠及工具、滾珠、車輛、橡膠、安紙廠等。

二、缺點與問題

（一）關於房子之解決，雖省委早在十月中旬對此已作決定，並結合傳達形勢問題在幹部中進行了動員，但缺乏及時徹底貫一決定的執行，因之在下邊具體執行中表現了兩種不同態度：一種是

1. 積極力求解決問題，如哈市第二紙廠、遠東運輸公司、省企業、水利局以及哈市顯鄰、新聞、濱

1950 年 12 月 26 日《松江省委关于安厂工作报告》

第二个发展机遇是苏联援建的 156 个项目有 13 项落户哈尔滨。1953 年开始的大规模经济建设，标志着我国进入重点建设集中投入的初期工业化阶段。中共中央根据哈尔滨是东北地区北部最大的中心城市，与苏联相邻并且具有城市规模大、水陆交通方便、拥有工业基础的优势，确定哈尔滨为重点建设的工业基地城市。在全国工业布局中，把苏联援建的 13 个项目放在哈尔滨，要把哈尔滨建成机械制造、动力设备的工业生产区。

建成后的哈尔滨量具刃具厂主楼

在苏联援建的项目中，安排在哈尔滨的有13项，居全国大城市之首。其中，新建的项目有9项，改建的有4项。哈尔滨锅炉厂、哈尔滨汽轮机厂、东北轻合金加工厂，以上3厂各2项，都是新建项目；哈尔滨量具刃具厂、哈尔滨电表仪器厂、哈尔滨电碳厂，以上3厂各1项，都是新建项目；哈尔滨电机厂、哈尔滨轴承厂、国营东安机械厂、国营伟建机器厂，以上4厂各1项，都是改建项目。

▲ 哈尔滨电机厂1958年制造的第一台25MW空冷汽轮发电机

▲ 1959年我国第一条手用丝锥生产自动线在哈尔滨量具刃具厂诞生

哈尔滨13项重点工程建设从1952年8月哈尔滨量具刃具厂动工兴建开始，到1962年东北轻合金加工厂二期工程竣工结束，均达到原设计的技术水平，发挥了投资效果，开始为国家积累资金，在社会主义建设中发挥重要作用。市委市政府把保证重点工程、为重点工程服务作为重要任务，对国家建在哈尔滨的重点工程项目实行“四优先”政策，即资金优先保证、施工优先安排、物资优先供应、人员优先配备，明确要求各有关单位和部门牢固树立“基本建设第一”“全国一盘棋”的思想，提出“服务上门”的口号，组织各行各业积极支援基本建设，做到了要干部给优秀干部，要工人给熟练工人，要设备给最好设备，要器材给高质量器材。为适应大规模基本建设的需要，在国家相关部门的支持下，哈尔滨市相继组建建筑工程公司、建筑设计院、建筑器材公司，还新建加工门窗的建筑材料联合加工厂、小五金厂、水暖器材厂，扩大砖瓦的生产能力。这个时期，在市委市政府领导下，全市人民发挥了高度的劳动积极性和创造性，战胜了各种艰难险阻，提前胜利地完成了“一五”计划。全市新建、改建、扩建百余家工厂企业，我国第一台30立方米制氧机、第一台箱式电阻炉都是这个时期研制的。这一时期，中国人民解放军军事工程学院、哈尔滨工业大学、黑龙江大学、东北农学院、东北林学院、哈尔滨兽医研究所、哈尔滨焊接研究所等一批高等院校和科研院所也破土兴建和扩建。哈尔滨市工人文化宫、友谊宫和儿童公园的小铁路也是这一时期新建的。

▲ 哈尔滨市工人文化宫

▲ 黑龙江大学

▲ 哈尔滨友谊宫

从哈军工　到哈工程

解放战争后至建国初，虽然我军已陆续建立了各种类型的技术学校，但这些学校对于培养现代战争条件下的高级军事技术人才难以胜任。在这一历史背景下，1953年，我国第一所综合性高等军事工程技术院校——中国人民解放军军事工程学院（哈军工）应运而生。陈赓大将为首任院长，毛泽东主席为学院的成立颁发《训词》。

▼中国人民解放军军事工程学院成立暨第一期开学典礼

中国人民解放军军事工程学院即哈尔滨工程大学的前身。军事工程学院的性质决定了每一名学员不但要学好科学文化知识，还必须有强健的体魄、钢铁般的意志。为此，学院将野营教育列入教育计划，培养学员的军人作风。此后，岁月流转，学院几经变迁：1959年，学院选择了“尖端集中、常规分散”的发展道路，进行了学院分建、改建。哈军工成为我军尖端科技和人才培养的摇篮。1966年4月，根据中央军委决定，学院改名为“哈尔滨工程学院”，退出部队序列。1970年，国务院、中央军委决定，以哈尔滨工程学院海军工程系为主体组建“哈尔滨船舶工程学院”（哈船院）。同年，学院依军委命令进行内迁，在长沙、北京、南京、西安等地落地生根，薪火相传。1994年，经国家教委批准，哈尔滨船舶工程学院更名为“哈尔滨工程大学”（哈工程），开始了追求卓越的新旅程。

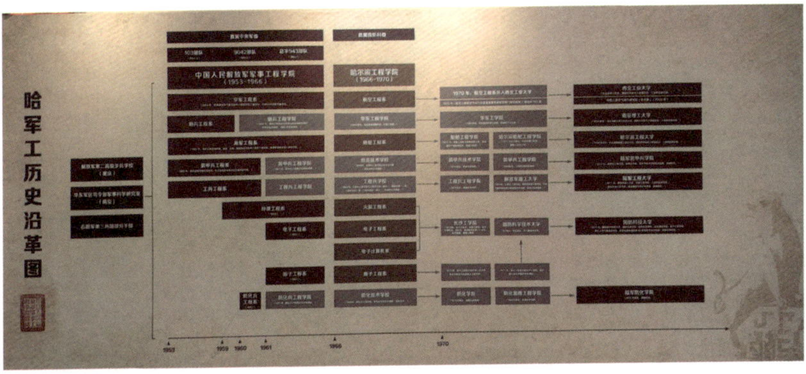

▲哈军工历史沿革图

▲学生在实验室做实验

▲教师和学生进行课题讨论

从哈军工到哈船院再到哈工程，无论学校的名称如何改变，其忠诚报国的赤诚之心始终不变。哈尔滨工程大学始终想的是党，为的是国，强的是军，将“以祖国需要为第一需要，以国防需求为第一使命，以人民满意为第一标准”作为价值追求，秉持“大工至善，大学至真”的校训，为我国船舶工业、核工业、国防现代化和经济社会发展作出了重要贡献。

1996 年，哈尔滨工程大学成为国家首批“211 工程”的重点建设高校之一。2002 年经教育部批准设立研究生院。2005 年 12 月，哈尔滨工程大学成立我国首个核学院——核科学与技术学院。2007 年，国防科学技术工业委员会、教育部、黑龙江省政府、海军四方共建哈尔滨工程大学。2008 年，哈尔滨工程大学划归工业和信息化部管理。2017 年以鲜明的“三海一核”（船舶工业、海军装备、海洋开发及核能应用）特色优势进入国家“双一流”建设高校行列。2019 年，成为工业和信息化部、教育部、黑龙江省政府、哈尔滨市政府共建高校。哈尔滨工程大学致力于培养担当民族复兴大任的可靠顶用、拔尖创新的新时代“工学”人才，已成为我国船海核领域高水平研究型大学。

2023年9月7日，习近平总书记来到哈尔滨工程大学，了解学校发展历程和为我国国防科技事业作出的贡献，察看教学科研成果展示。习近平总书记强调，哈尔滨工程大学要发扬“哈军工”优良传统，紧贴强国强军需要，抓好教育、科技、人才工作，为建设教育强国、科技强国、人才强国再立新功。年轻一代成为奋力拼搏、振兴中华的一代，实现第二个百年奋斗目标就充满希望。青年学子要树牢科技报国志，刻苦学习钻研，勇攀科学高峰，在推进强国建设、民族复兴伟业中绽放青春光彩。

▲2006年4月，“深海工程技术研究中心”成立

▲哈尔滨工程大学主楼

支援大庆 开发建设

1954 年 8 月 1 日，松江省与黑龙江省合并，成立新的黑龙江省。哈尔滨市隶属黑龙江省。

1955 年，国家开始对包括大庆地区在内的松辽盆地进行石油地质普查。1959 年 9 月 26 日，位于大同镇的“松基三井”喷出具有工业价值的油流。28 日，松辽石油勘探局黑龙江石油勘探大队党委书记关跃家等到哈尔滨向黑龙江省委领导报捷。省委领导听了汇报十分高兴，随后连续发出 3 个文件，向中共中央和国家计委等报告松基三井喷出油流的情况。

因此时恰逢新中国成立十周年大庆之际，省委第一书记欧阳钦提议将大同改名为大庆，省委常委会一致通过的这个名字得到了国家石油工业部的肯定。他们认为这个名字不仅响亮上口，而且含义深远，一致同意把这个新发现的油田取名为大庆油田。

◀ 开发建设大庆油田

▼ 欧阳钦到大庆油田视察

1960 年 2 月 20 日，中共中央批转石油工业部党组的报告，大庆油田石油大会战正式拉开帷幕。哈尔滨市委对大庆油田的开发建设予以大力支持，不仅成立了支援大庆油田开发的工作办公室负责日常工作，还多次讨论研究支援大庆的有关问题，落实了抽调干部，成建制支援建筑、机械修理企业和设备，支援蔬菜、副食和生活用品等工作。当时正值建国初期，财力和物资都极为紧张，但哈尔滨人民克服困难，从建筑物资到生活用品都给予全力支持。此外，还从各条战线抽调干部和工人支援油田建设。1958 年 6 月，松辽石油勘探局筹备第一口油井开钻时，因缺乏设备安装力量，哈尔滨市承担紧急支援任务，安排哈尔滨金属结构厂协助井队进行松基一井的开架安装任务。哈尔滨金属结构厂选派 20 余名擅长高空作业又具有生产经验的工人和技术人员组成安装队，与石油工人密切配合，克服种种困难，经过艰苦奋斗树立起 41 米高的井架，保证了油井正式开钻。

▼石油大会战誓师大会

塔镇江天 城市地标

哈尔滨市道里区中央大街北端，斯大林公园中部，一座雄伟的建筑屹立在松花江南岸，它就是哈尔滨市人民防洪胜利纪念塔。这座纪念塔不仅是哈尔滨的地标性建筑，更是这座城市革命精神的象征，承载着哈尔滨人民与洪水顽强抗争的历史记忆。

哈尔滨地处松花江畔，美丽的松花江滋养了这片土地，却也带来了洪水的威胁。1932 年 8 月，松花江爆发洪灾，洪水如猛兽般肆虐于道里、道外。彼时，哈尔滨的最高水位达 119.72 米，市区有的地方水深达 5 米以上，中央大街已能行船，道外二十道街的洪水甚至漫到一些楼体的二楼窗台。这场洪灾过后，全市 38 万居民有 23.8 万多人受灾，生活陷入了巨大的困境。此次洪水给哈尔滨人民留下了痛苦而深刻的记忆。

▼1932 年洪灾，道里、道外一片汪洋

▼洪水漫淹中央大街

20 世纪 50 年代，哈尔滨又遭受洪水侵袭。1956 年 7 月中下旬开始，松花江流域大部分地区一直阴雨绵绵，最高降雨日数达 30 多天，松花江水位与 1932 年基本持平。1957 年的汛期，哈尔滨段松花江水位高于 1932 年的洪水 0.58 米，最高水位达到 120.30 米，高出市区地面 3.5 米。大水持续肆虐月余，沿江堤坝危在旦夕。这也是新中国成立后哈尔滨首次遭到的特大洪水袭击，灾情特别严重，人民的生命和财产安全受到严重威胁。

哈尔滨人民在市委、市政府领导下，迅速行动起来组成防汛大军，参加防汛抢险，与洪水展开了顽强搏斗。8 月 28 日，当哈尔滨段水位达到 119.23 米时，黑龙江省军区和吉林省军区分别派解放军支援，防洪大军迅速增加到 10 万人。人们夜以继日地战斗在风雨之中，和时间赛跑，与洪水搏斗，直至9月20日沿江大部分地区洪水回落到警戒水位以下，解除了洪水威胁。

1957年11月，哈尔滨市决定修筑市区永久性江堤。在零下三十多摄氏度的环境下，哈尔滨人民不畏严寒，完成了461万立方米土石工程，筑起了守护城市的百里长堤。1958年6月28日，为了纪念这场意义非凡的防汛斗争的胜利，哈尔滨市人民在松花江畔修建了防洪胜利纪念塔。

▲1957年，哈尔滨又遭洪水侵袭

防洪胜利纪念塔整体由中央塔身和背景回廊组成，呈半围合结构，庄严肃穆又极具美感。塔高22.5米，塔顶雕有随风飘扬的旗帜造型，象征着胜利与希望。塔身雕有工农兵和知识分子的立体群像，展现了在抗洪斗争中，全体人民团结一心、众志成城的伟大力量。塔身中部的浮雕则生动地刻画了防洪筑堤大军从宣誓上堤、运土打夯、抢险斗争到胜利庆功的一系列场面，每一个细节都栩栩如生，仿佛将人们带回到那段紧张而又充满激情的抗洪岁月，集中展现了人们在防洪斗争中所表现出的英雄气概。

▼防洪大军和时间赛跑，与洪水搏斗

▼防洪胜利纪念塔落成典礼

塔周建有20根圆柱构成的半圆形回廊，东端石壁刻有省委第一书记欧阳钦的题词“塔镇江天”。回廊的设计既与防洪胜利纪念塔的建筑风格和特色协调一致，又为江畔公园增添了宏伟气魄。

1960年9月6日，哈尔滨市人民举行了庆祝防洪斗争胜利暨防洪胜利纪念塔落成典礼大会。

1998年8月，哈尔滨又遭遇了百年一遇的特大洪水，水位最高达120.89米。在这场与洪水的搏斗中，哈尔滨人民再次展现出了顽强的斗志和不屈的精神。哈尔滨市政府遂决定在标注了1932年和1957年两次松花江特大洪水最高水位的防洪胜利纪念塔上，加注1998年的最高水位“120.89”。这不仅是对历史的记录，更是对哈尔滨人民英勇抵御洪灾的再次铭记。2003年，哈尔滨市政府又对沿江一线进行全面彻底的改造，防洪纪念塔广场环境随之提档升级。纪念塔在更加优美的环境中，继续诉说着哈尔滨的历史。

防洪胜利纪念塔是哈尔滨市级文物保护单位。2009年9月，它获得中国建筑学会建筑创作奖。2017年12月，该塔被列入第二批中国20世纪建筑遗产项目名单。

它不仅是一座建筑，更是一部生动的史书，记载着哈尔滨人民与洪水抗争的英勇事迹，见证着这座城市的发展与变迁。它所承载的抗洪精神，也将激励一代又一代的哈尔滨人，在面对困难和挑战时，勇往直前，永不退缩。

▼哈尔滨市人民防洪胜利纪念塔

首创哈夏 名扬四海

创办“哈尔滨之夏”音乐会的提议是在1958年提出的。时任文化部部长的沈雁冰（即著名作家茅盾）来哈尔滨视察工作，观看了一组哈尔滨市业余文艺会演节目并给予了很高的评价。随后，哈尔滨市副市长吴宏毅提出，要每年组织一次由专业和业余文艺工作者参加的文艺活动。这一建议得到了哈尔滨市文化艺术界专家们的赞同与支持。当时担任哈尔滨市群众艺术馆音乐辅导员的魏仲柯提出举办“哈尔滨之夏”文艺活动。

同年7月9日，市委宣传部、市文化局、市工会、市文联及各区人委等20余家单位召开会议，组成“哈尔滨之夏”活动指导委员会，会议决定于1958年8月1日至30日在哈尔滨举办一次规模宏大的文化艺术工作大检阅，即“哈尔滨之夏音乐活动月”。

▼ 第一届“哈尔滨之夏”音乐会开幕式

8月1日，在八区体育场举办了有10万人参加的、规模宏大的“哈尔滨之夏音乐活动月”开幕式。1958年的哈尔滨之夏音乐活动月共演出3台歌剧、1台音乐舞蹈类节目。蜚声歌坛的男高音歌唱家李双江就是在这次音乐会上崭露头角的。哈尔滨之夏音乐活动月奠定了“哈尔滨之夏”音乐会的基础，有了哈尔滨之夏音乐活动月，才有了后来闻名遐迩的“哈尔滨之夏”音乐会。

1958年10月，中国音乐家协会在安徽省召开全国音乐工作者座谈会，哈尔滨市的音乐工作者在会上汇报了哈尔滨之夏音乐活动月的圆满成功后，上海代表当即提出回上海后即办“上海之春”音乐会，广州代表提出了回广州举办“羊城音乐花会”。由此享誉国内外的三大音乐盛会，即将闪亮登场了。

1961年，著名女高音歌唱家张权等哈尔滨音乐工作者向省、市领导建

▼第七届“哈尔滨之夏”音乐会

▲ 第二十四届“中国·哈尔滨之夏”音乐会

议，举办“哈尔滨之夏”音乐会，这一建议得到省、市领导的支持。

在黑龙江省政府、哈尔滨市政府，黑龙江省音乐家协会、哈尔滨市音乐家协会的促进下，第一届“哈尔滨之夏”音乐会1961年7月5日晚在哈尔滨青年宫隆重开幕。当晚的音乐会上，哈尔滨歌舞剧院合唱队和哈尔滨艺术学院声乐专业学生联合演唱了《黑龙江大合唱》，这是省内作家、作曲家集体创作的作品，歌颂了黑龙江的美丽富饶，赞美了我省人民的生活与斗争。女高音歌唱家李高柔独唱的《蝶恋花》《信天游唱给毛主席听》等歌曲赢得了听众热烈的掌声。男高音歌唱家郭颂演唱了新改编的东北民歌《新货郎》，以其圆润、优美的音色吸引了听众……音乐会上，人们还听到了黑龙江省广播电视文工团合唱队演唱的亚洲、非洲、拉丁美洲的歌曲，并欣赏了哈尔滨市吹奏乐队等业余音乐爱好者演奏的《森林中的铁匠》《花儿与少年》《波兰圆舞曲》等轻松愉快的乐曲。

第一届“哈尔滨之夏”音乐会从7月5日起至15日闭幕，共演出8台10场音乐会，观众近2万人次。演出的作品取材广泛，形式多样。有歌颂我国人民现实生活的歌曲，也有我国传统戏曲音乐和曲艺音乐；有激昂奋进的革命歌曲，也有婉转悠扬的古典音乐。演出的节目有近一半是当时全国各地尤其是哈尔滨文艺工作者及文艺爱好者新创作的作品，思想性与艺术性都比较突出。在创作与表演的民族化、群众化方面，也进行了有益的尝试和探索。

“哈尔滨之夏”音乐会从 1961 年 7 月开始举办，到 2023 年已成功举办了 36 届。1996 年 7 月 18 日举行的第二十三届哈尔滨之夏音乐会升格为国家级的音乐盛会，被冠名为“第二十三届中国·哈尔滨之夏音乐会”，由文化部与哈尔滨市人民政府联合举办。2023 年 8 月 6 日晚，由文化和旅游部、哈尔滨市人民政府主办的第 36 届中国·哈尔滨之夏音乐会在哈尔滨大剧院盛大开幕。本届音乐会上，市民音乐嘉年华、中央大街弦乐音乐会、“舞动哈夏”广场舞展演等 15 项活动 3000 余场演出，尽显“音乐之城”的艺术底蕴，为全世界音乐爱好者们留下了难以磨灭的美好记忆。哈尔滨之夏音乐会，不但对哈尔滨音乐事业的发展、音乐人才的培养和音乐创作的繁荣起到了很大的推动作用，更以其独特的魅力和深远的影响创造了哈尔滨璀璨夺目的音乐文化，对全国音乐活动的繁荣产生了积极的影响。

▼第 36 届中国·哈尔滨之夏音乐会

冰灯游园 享誉全国

哈尔滨素有“中国冰雪艺术之都”的美誉，从冰封的松花江渔船上古老的船灯到哈尔滨兆麟公园的大型冰灯游园会，冰灯艺术在哈尔滨具有悠久的历史。

哈尔滨每年冬天举办的冰灯游园会，吸引了国内外百万游客纷至沓来，是世界上形成最早、持续时间最长、规模最大、游人最多、影响最大的大型露天冰灯艺术展，已成为哈尔滨乃至中国的一张亮丽耀眼的名片。

具有百年历史的兆麟公园是中国冰灯艺术的起源地和发祥地，哈尔滨的冰灯艺术从这里起步。百年历史遗存使兆麟公园在多元文化碰撞中塑造了自己独树一帜的文脉，积累了丰富多彩的文化底蕴，构筑了与众不同的秀丽风光和浪漫迷人的欧陆风情，并带动了哈尔滨冰雪艺术的发展壮大。

▲ 第一届冰灯游园会上的冰灯

▲ 市民观赏冰灯

20 世纪 60 年代初，国家仍处于经济困难时期，群众精神生活也极其单调，而哈尔滨人冬天习惯于“猫冬”则使得萧瑟的市面更显冷清。1963 年 2 月 1 日，农历正月初八，时任黑龙江省委书记兼哈尔滨市委第一书记的任仲夷和市长吕其恩到香坊区检查工作，视察了一个新办的农贸市场。当走出市场时，任仲夷蓦然发现路边一户居民家门前有一点微弱的亮光，走近一看，原来是个用水桶制成的空心冰坨，中间插了根点燃的蜡烛，成了一盏冰灯。受此启发，任仲夷萌生了举办冰灯游园会的想法。

在家中试验、制作冰灯罩成功后，2月3日，任仲夷在家中召集市长吕其恩、副市长张屏和建设局副局长刘作田等有关领导，举行了一个非正式的小型现场工作会，讲了打算举办冰灯游园会丰富群众文化生活的想法。大家一致赞同，纷纷献策。

这次现场工作会后，市建设局园林处马上调集了所属13个单位的800多名职工进驻兆麟公园，刘作田坐镇指挥，用自来水冻制冰灯。职工们忙到深夜十一二点钟才吃晚饭，饭后也不休息，困了就打个盹儿再干，经过昼夜苦战，终于造出了上千盏冰灯。他们将冰灯扣在山坡上，摆在墙上或挂在树枝上，安上电灯泡或点燃蜡烛。市食品公司还用菊花、金鱼等冻制出30多个冰景。一群正在放寒假的哈尔滨艺术学院美术系学生闻讯赶来，用天然雪塑造出一只大象。职工们还冻出一条冰道，做了一些小爬犁，供孩子游园玩耍。整个冰灯游园会从提出设想到完成布展，前后只用了4天时间，创造出一个奇迹。

◀
哈尔滨艺术学院学生制作的第一个观赏性雪雕《万象更新》

2月7日正月十四那天晚上，哈尔滨市第一届冰灯游园会在兆麟公园拉开了帷幕。消息传出，全城轰动，一时万人空巷，盛况空前。第一个晚上就涌进5万多人。门票大人5分钱，小孩3分钱，人人买了票就急着入园先睹为快。后来几天，潮水般的人群险些把兆麟公园的大门挤破，守门人

▲ 兆麟公园冰灯游园会

▲早期冰灯作品

▲第四届冰灯游园会

员根本无法收门票，只好打开大门，任人涌入。原定展期3天，因游人太多又延期3天，6天里共接待游人25万人次，占哈尔滨总人口的十分之一，“猫冬”的人们终于走出家门了，冬天的公园也结束了“半年闲”局面。

1963年2月7日，注定被载入中国冰灯文化发展的史册，这一天我国第一次出现有组织的冰灯游园活动，开创了现代冰雪文化的先河。首届冰灯游园会冰灯造型简单，光源原始。从第二届冰灯游园会起，冰灯制作开始取用来自松花江的天然冰。此后冰灯艺术年年有新变化，哈尔滨的冰雪艺术家们用松花江天然冰进行创作，雕塑出千姿百态的冰雕艺术作品，再辅以现代科技手段，便构成了独具北国特色的冰灯艺术，被人们称为“永不重复的童话”。

▲ 冰灯点亮寒冷的哈尔滨冬日夜晚

城市品牌拓展

城市品牌拓展

改革开放 魅力冰城

改革开放以来，哈尔滨城市发展迎来新篇章，国民经济和社会事业取得重大进展，城市基础设施和生态环境建设力度不断加大，城市形象品位和综合功能进一步提升，已由单一的工业基地城市转型发展为综合性多功能区域中心城市。

1996 年，松花江地区与哈尔滨市合并，哈尔滨管辖范围由七区五县（市）增加到七区十二县（市）。2004 年，设立松北区；撤销太平区，将其行政区域划归道外区；撤销呼兰县，设立呼兰区。2006 年，撤销动力区、香坊区，组建新的香坊区；撤销阿城市，设立阿城区。2014 年，撤销双城市，设立双城区。调整后，哈尔滨辖区范围为九区九县（市）。

◀
哈尔滨高新技术产业开发区

▲ 江岛景观

党的十八大以来，哈尔滨市全面贯彻落实新发展理念，推动高质量发展，城市建设取得了令人瞩目的成就，经济和社会发展突飞猛进，城市综合实力显著增强，获得了“全国文明城市”“国际湿地城市”“全国双拥模范城”“公交都市建设示范城市”等荣誉称号。

作为国家历史文化名城，哈尔滨已举办 36 届哈尔滨之夏音乐会，连续举办 34 届国际经济贸易洽谈会（哈洽会）。2025 年 2 月，哈尔滨又成功举办了第九届亚洲冬季运动会这一重大国际综合性冰雪盛会。

2024 年 12 月 22 日，国务院批复《哈尔滨市国土空间总体规划（2021—2035 年）》，明确了哈尔滨城市性质和核心功能定位：哈尔滨的城市性质为黑龙江省省会、东北地区重要的中心城市、国家历史文化名城、国际性综合交通枢纽城市。核心功能定位为东北先进制造业基地、向北开放门户、区域性科技创新高地、国际冰雪旅游目的地。目标愿景为

▲ 哈尔滨音乐厅夜景

▲ 圣索菲亚广场夜景

“把哈尔滨建设成为繁荣创新、时尚浪漫和幸福宜居的国际化现代化大都市”。

哈尔滨多元文化荟萃，欧陆风情浓重，如梦似幻的冰雪艺术、魅力无限的冰雪运动、令人口齿留香的冰城美食以及充满异域风情的各式建筑，无不展示了她独特的艺术底蕴和时尚气息，而哈尔滨丁香节、哈尔滨国际啤酒节、哈尔滨松花江湿地旅游节更是将哈尔滨的丁香文化、啤酒文化、湿地文化打造成世界级名片，为她增添了别样的城市风情。

▲ 群力音乐长廊的大雪人

2025 年 4 月，中国旅游研究院发布《2024 年全国游客满意度调查报告》并公布“2024 年度游客满意十佳城市”，哈尔滨凭借多元独特的城市魅力与细致周到的旅游服务，荣耀登榜，名列第二。

▼ 第九届亚洲冬季运动会闭幕式演出

丁香之城 芬芳花海

每当春天的脚步悄然临近，冰城哈尔滨便迎来了丁香花的盛大绽放，整个冰城沉浸在一片浪漫的花海之中。哈尔滨，这座被誉为“丁香之城”的北方都市，与丁香花有着不解之缘。

哈尔滨的丁香种植历史十分悠久，早在哈尔滨还是小渔村的时候，就有暴马丁香、辽东丁香、红丁香等本土品种。至 1988 年，哈尔滨市政府将丁香花定为哈尔滨市花，从那一刻起，丁香花便以其独特的魅力，成为冰城的象征。21 世纪初，哈尔滨正式提出建设“丁香城”，由此丁香进一步融入了哈尔滨人的生活和精神世界。

在常见的鲜花中，丁香的芬芳度仅次于桂花、兰花及玫瑰，名列第四。世界上约有 30 种丁香花，而我国就产有 23 种，哈尔滨更是拥有 13 个品种之多。这些丁香花在冰城的土地上争奇斗艳，展现出各自的风采。

▼ 哈尔滨市丁香科技博览园中的丁香

▲ 哈尔滨丁香节开幕式

▲ 群力丁香公园春季园景

丁香不仅是著名的观赏植物，同时也是传统的药用植物，还是上乘的香料。从丁香花瓣中可提取芳香油，能作为高档化妆品的原料；丁香的花蕾及成熟果实均可入药，具有抗菌消炎之功效，中成药“炎立消”即是以丁香叶为原料制成的；丁香木的材质坚韧细密，最佳者为暴马丁香，能被木匠选用来做刨子的槽，可见其硬度。

哈尔滨的气候和土壤条件特别适合丁香的生长，丁香不惧严寒、不择沃土、不苛求条件、不娇生惯养、不离群索居，不孤芳自赏。其生命力旺盛，成活率极高，在冰城人的心中，丁香花的品格是与哈尔滨的城市品格相契合的。

2018 年，哈尔滨市出台了《哈尔滨市建设丁香特色城市规划（2018—2030 年）》，不断加大城区丁香种植力度，将初夏的哈尔滨打造成“百里香不断、紫色满春城”的丁香花海，为城市增添了几许诗情画意。

▼ 群力丁香公园俯瞰

2019 年 4 月 30 日，“哈尔滨丁香节”举行开幕式，已引入哈尔滨一百多年的市花丁香有了属于自己的节日。在歌唱家李双江的《丁香啊丁香》歌声中，丁香节正式开幕，《城恋丁香》《紫丁香》《绢花迎春》等歌舞节目在开幕仪式现场接连上演，体现了赏花观景与文艺演出融合的文旅特色。为丰富节庆内容，哈尔滨市还精心推出了 10 大赏花胜地、14 条主题赏花线路，并举办丁香图片展、摄影大赛和歌词创作征集等活动，全市呈现“花开满城，城在花海”的赏花氛围。丁香绚丽的花朵、浓郁的芬芳，给人们带来了美的享受和愉悦的心情。

丁香成为市花的 30 多年里，哈尔滨市陆续建成多个丁香主题公园，如道里区的群力丁香公园、香坊区的丁香科技博览园等。现全市丁香已有 135 万余株，丁香花期绵延两个月，哈尔滨已成为全国独一无二的“丁香城”。丁香，已浸润在城市的每个角落。

激情畅饮 情醉哈啤

哈尔滨，被称作“中国第一桶啤酒的生产地”。

1898 年，随着中东铁路的修建，沙俄、捷克、德国等国的侨民涌入哈尔滨，随着人流和来自西伯利亚的冷风一起进入哈尔滨的，还有啤酒。1900 年，俄国商人乌卢布列夫斯基以他的名字注册了哈尔滨第一家啤酒厂，开始投产。这也是中国开办的第一家啤酒厂。此后，德国、捷克、日本等国的侨民也陆陆续续在哈尔滨开办了啤酒厂。这些啤酒厂生产的啤酒，颜色清莹，如同玛瑙，味道略苦涩，但非常杀口，深受哈尔滨人民的喜爱。

▲ 乌卢布列夫斯基啤酒厂是中国开办的第一家啤酒厂

1904 年，杨连名创办了中国人自己建立的第一家啤酒厂—— 中东啤酒公司，这标志着中国人开始在自己的土地上酿制啤酒。

当时的啤酒馆招牌很有特点：在啤酒馆门前，用铁架子、铁链子横吊一只盛啤酒的木桶。远远一看，就知道这是一家啤酒馆。每天，都有专门的啤酒车前往这些啤酒馆运送啤酒。最早的时候，运送啤酒的是马车，由车夫赶着走街串巷，车上装满了木制的啤酒桶，在城市中缓缓而行，吸引着行人的目光。马车到哪家啤酒馆一般都有固定的时间，那些喝啤酒的客人也早早候在那里，等待着喝一天中最新鲜的生啤酒，因为生啤酒隔了夜就会变酸。后来，运送生啤酒的马车改成了罐装的啤酒车，这种车是用大卡车改装的，看上去像城市中的酒水车。此时餐馆也安装上了装啤酒的储酒罐，从啤酒车上拽下粗粗的胶皮管子，安装在餐馆的啤酒罐上，就可以输送啤酒了。当时喝啤酒的容器都是那种俄式的玻璃杯，沉甸甸的，生啤酒被扎啤机注到杯子里，泡沫丰富而细腻。

▲ 哈尔滨啤酒博物馆中马车运送啤酒的场景

20 世纪 30 年代，随着世界啤酒生产技术的进步，哈尔滨啤酒产品也由以桶装生啤酒为主转为以瓶装熟啤酒为主。不过哈尔滨人对啤酒的热爱却丝毫未减。改革开放后，哈尔滨啤酒工业得到进一步发展。1988 年夏，哈尔滨啤酒节与首届国际啤酒博览会同期诞生。1994 年 8 月，哈尔滨防洪纪念塔广场举行“百人喝啤酒大赛”，创造了多项纪录，各大媒体竞相报道，哈尔滨啤酒从此吸引了越来越多的目光。

2002 年 8 月 8 日，首届哈尔滨国际啤酒节在中央大街隆重开幕，以“相聚百年步行街，传承浪漫酒文化”为主题。中央大街这条充满历史韵味的街道，成为啤酒文化的舞台，浪漫的啤酒文化在这里传承与发扬。

2005 年 8 月 6 日，第四届哈尔滨国际啤酒节主题定为“欢乐灌溉·情醉冰城”。这一年，啤酒节的规模与影响力进一步提升，90 余个世界知名啤酒品牌参与其中，为哈尔滨的啤酒文化增添了浓墨重彩的一笔。2006

年 7 月 16 日，哈尔滨国际啤酒节再次拉开帷幕，以“相聚啤酒故乡，传承百年文化”为主题，在中央大街、防洪纪念塔广场、斯大林公园设立三个主会场，各区设分会场，活动形式更加丰富多彩，展现出了啤酒文化的多元魅力。

▲ 第五届中国·哈尔滨国际啤酒节

2009 年 7 月，哈尔滨国际啤酒节移址到冰雪大世界举行。这一举措为啤酒节带来了全新的体验。百余种啤酒品牌齐聚哈尔滨，市委、市政府推出上百场精彩的文艺演出，组织啤酒大赛、马车巡游、怀旧之夜等活动，人们在这里度过了一个又一个难忘的夜晚。

2019 年 6 月，哈尔滨国际啤酒节首次选取太阳岛风景区作为举办地，推出了“四大主题之夜”，开启冰城夏都的岛上狂欢。如今，2024 年的第二十二届中国·哈尔滨国际啤酒节围绕“啤酒 + 电音”打造了历届最大的中心舞台——梦想大舞台，引入了啤酒大篷、啤酒花园、生态露营区、自驾房车集散地、美食街、智乐谷游乐园、国潮动漫展区等多种业态，为市民和游客提供欢聚畅饮体验……

啤酒节已成为哈尔滨令人瞩目的旅游亮点，吸引着世界各地的游客。人们在这里品尝着各种美味的啤酒，欣赏着精彩的文艺演出，感受着这座城市的独特魅力。

▲ 第二十二届中国·哈尔滨国际啤酒节

百里松江 万顷湿地

湿地，被称为城市的肾，是大自然赋予的珍贵礼物。它以独特的生态功能，默默地净化着水质，降解着污染物，维持着自然生态的健康平衡。

哈尔滨坐落于松嫩平原，松花江由西南向东北穿越哈尔滨市区。在松花江哈尔滨区段内，受干流及一些支流的影响，形成了大面积的河滩和岛屿。上游段的大面积湿地内，沼泽众多，具有多样化的水生环境和动物栖息地；下游段积水成湖，水网遍布，植物群落丰富。正是基于这样得天独厚的资源优势，哈尔滨市确立了“一江居中、南北互动、两岸繁荣”的发展方向，全力打造了万顷松江湿地、百里生态长廊的湿地景观带。

松江湿地的自然属性特色鲜明，具有大江、大湿地、大都市相结合的北国原生态湿地风光，在全国乃至全世界湿地公园中都极为罕见。2011 年

▲ 黑龙江哈尔滨松北国家湿地公园

▲ 哈尔滨市太阳岛景区的一湖三岛

▲ 黑龙江哈尔滨白渔泡国家湿地公园

6月，哈尔滨举办了首届中国·哈尔滨松花江湿地旅游文化节，呈现了一个集文化艺术性和娱乐参与性为一体的盛大节日，使湿地旅游文化也成为继冰雪旅游文化之后哈尔滨的又一张城市名片。

在保护的前提下，哈尔滨综合利用湿地景观开展湿地生态旅游推广，引更多市民游客饱览城市湿地风光，让太阳岛湿地、金河湾湿地、呼兰河口湿地、伏尔加庄园湿地、白渔泡湿地等多处自然湿地景观大放异彩，也让更多人领略了城市湿地的魅力。

湿地的建设和保护也让哈尔滨城市生态环境持续改善，万顷湿地俨然成为一个动植物的活体博物馆，珍稀濒危鸟类东方白鹳、中华秋沙鸭也在这里繁衍生息。哈尔滨现有国际重要湿地1处、湿地类型省级自然保护区8处、国家级湿地公园13处、省级湿地公园2处。湿地资源内有种子植物848种、有脊椎和无脊椎动物527种。2018年10月，在《湿地公约》第13届缔约方大会上，哈尔滨被授予“国际湿地城市”称号，成为全球首批获此殊荣的18个城市之一。这是对哈尔滨湿地保护工作的高度认可。

▲ 黑龙江哈尔滨松北国家湿地公园的红嘴鸥

为了进一步强化湿地保护和宣传，哈尔滨还将湿地教育带进中小学课堂，从小培养孩子们人与自然和谐共处的美好品质。湿地，已成为哈尔滨展现人与自然和谐共生的生态名片。

挑战极限 冠军之都

滑冰，是哈尔滨人的冰上运动项目之一。早在 1907 年哈尔滨就开设过全国最早的比赛用滑冰场，1909 年成立全国首个速滑协会。从哈尔滨滑出来的世界冠军、健将数不胜数，如杨扬、张虹、刘一鸣、任子威……尤其是花样滑冰，已出四代名将：姚滨和栾波、申雪和赵宏博、奚鸿雁和赵小雷、隋文静和韩聪、彭程和金杨等等。在 2022 年冬奥会上，中国队 176 名队员中有哈尔滨队员 41 名，中国队获得 9 金 4 银 2 铜，哈尔滨队员获得 3 金 1 铜的好成绩。

▼ 哈尔滨自行车运动协会赛场冬季冰场

除了滑冰，冬泳更是哈尔滨极具特色的冰雪健身项目。早在19世纪末20世纪初，随着中东铁路的修建，大量的俄罗斯侨民来到了哈尔滨，他们将“冰水浴”的传统也带到了这里，深深地影响了哈尔滨人。解放后，哈尔滨市政府在松花江修建了专门的冬泳池，参加冬泳的人越来越多，有男人也有女人，有老人也有青少年。在寒风中，游泳健将们无畏地跳进泳池，用各种姿势悠然地游着。旁边的围观者冻得浑身发抖，这些冬泳者却一个个精神抖擞，容光焕发，他们用自己的行动诠释了挑战极限的精神。

玩冰球也是哈尔滨由来已久的冰上运动。1981年的世界冰球C组锦标赛上，中国队的小伙子一鼓作气打到B组，不仅为国争光，也激发了全民的爱国热情。《人民日报》以《学习中国冰球队的拼搏精神》的评论文章，指出这场胜利超出了比赛本身，它成了振奋人们改革开放的号角。此后，中国冰球裁判员、教练员培训基地，中国国家女子冰球后备人才培训基地，中国第一所小学校园冰球馆都落户到哈尔滨。这为哈尔滨冰球运动的发展提供了坚实的基础。

冰球运动在哈尔滨历史悠久

20世纪50年代的哈尔滨冰球队

而滑雪展现了速度与激情的较量。在黑龙江，有一条被旅游者称为冬天最美公路的“亚雪公路”。这条近 200 公里的公路途经亚布力及雪乡，在亚布力便坐落着国内最大的滑雪场——亚布力滑雪场。滑雪场拥有被国际雪联认证的越野滑雪、空中技巧、冬季两项、U 型池、大跳台等比赛场地，还拥有世界上最长的滑道娱乐项目。在这里，人们不畏严寒，在冰面上尽情驰骋，用自己的行动诠释着对梦想的追求和对生命的热爱。

▲ 滑雪是冬季的重要运动项目之一

▶ 展现速度与激情的滑雪运动

从 1953 年首届全国冰上运动会在哈尔滨举行，到 1956 年第三届全国冰上运动会哈尔滨速滑运动员包揽所有项目的金牌，再到 1959 年杨菊成在世界男子速滑锦标赛上获得第二名，让五星红旗首次飘扬在世界冰坛上空，以及 1963 年罗致焕夺得世界速度滑冰锦标赛男子 1500 米冠军并打破世界纪录，哈尔滨的冰雪运动一直在创造着辉煌。

▲ 首届全国冰上运动会开幕式

1996 年，哈尔滨市承办第三届亚洲冬季运动会，这是中国首次举办洲际冬季综合运动会，哈尔滨向世界展示了自己的实力和魅力。2009 年，哈尔滨成功举办了第 24 届世界大学生冬季运动会，再次证明了这座城市在冰雪运动领域的地位。此后，哈尔滨又成功举办了一系列世界级冰雪赛事，为中国冰雪运动的发展作出了重要贡献。

▲ 第三届亚洲冬季运动会开幕式

2025 年 2 月，第九届亚洲冬季运动会在哈尔滨举行，这是继 2022 年北京冬奥会后中国举办的又一重大国际综合性冰雪盛会。2 月 7 日中午，国家主席习近平和夫人彭丽媛在黑龙江省哈尔滨市太阳岛宾馆举行宴会，欢迎来华出席哈尔滨第九届亚洲冬季运动会开幕式的国际贵宾。习近平主席在开幕式欢迎宴会上致辞：“哈尔滨是中国著名的‘冰城’，是中国现代冰雪运动的发源地。来到哈尔滨，我们真切感受到‘冰天雪地也是金山银山’，冰雪文化和冰雪经济正在成为哈尔滨高质量发展的新动能和对外开放的新纽带。欢迎大家畅游这片热情洋溢、开放包容的黑土地，追寻中国式现代化足迹。”从场馆建设到赛事组织，从志愿服务到宣传推广，哈尔滨人也以饱满的热情和专业的态度，迎接这一历史时刻的到来。来自亚洲 34 个国家和地区的 1200 多名运动员以高超竞技水平和顽强拼搏精神书写了亚洲冰雪运动新辉煌，在哈尔滨共襄体育盛典。

哈尔滨，这座奥运冠军之都，将继续在冰雪的舞台上绽放光芒，为世界带来更多的惊喜和感动。

▲ 第九届亚洲冬季运动会在哈尔滨举行

多元建筑　凝固音乐

建筑，以其独特的语言和形态，在时间的长河中凝固成永恒的乐章。多元文化的碰撞交融，使哈尔滨形成了以欧陆风情为主基调，融入各时期建筑风格和中国传统文化特色的独特城市风貌。

哈尔滨的建筑形态中西合璧、多元包容，主要建筑风格有俄罗斯传统建筑风格、新艺术运动建筑风格、折中主义建筑风格、中华巴洛克建筑风格、中国传统建筑风格，此外还有拜占庭建筑风格、巴洛克建筑风格、哥特式建筑风格、装饰艺术建筑风格、浪漫主义建筑风格、古典主义建筑风格、文艺复兴建筑风格、早期现代主义建筑风格等等。哈尔滨的多元建筑汇集了近代多种建筑艺术流派，不仅是一种物质的存在，更是一种精神的象征。它们见证了哈尔滨的历史变迁，承载着哈尔滨的文化记忆。

▲ 哈尔滨火车站北广场鸟瞰

从 1898 年建造小尼古拉教堂开始，哈尔滨相继建造了大量的俄罗斯传统风格建筑：从木构建筑永安文化用品商店（现尚志大街 128-1 号）到砖木建筑中东铁路职工住宅建筑群，哈尔滨特色的俄罗斯传统风格建筑充分表达了共同的特征——以砖、石本色或淡黄色调为建筑的主色彩，公共建筑多带有各式各样的穹顶，形成丰富的轮廓线等。俄罗斯传统风格建筑又可分为以角锥式教堂和洋葱头式教堂为代表形式的教堂建筑，以及以江畔餐厅、江上俱乐部等为代表的田园式建筑。

▲ 圣索菲亚教堂

▲ 江畔餐厅沿江一侧夜景

▲ 中东铁路高级职员住宅

新艺术运动产生于19世纪末，由于流行时间较短，世界上留存的建筑作品较少，但在哈尔滨却保留了大量优秀的新艺术运动建筑作品。哈尔滨新艺术运动风格的建筑基本是在西方新艺术运动的晚期建造的，体现出了比较成熟的形态特征，为哈尔滨多元的建筑形态增添了浓重的一笔，大大提升了哈尔滨建筑的艺术文化品位。其主要代表如马迭尔旅馆（现马迭尔宾馆）、哈尔滨火车站第一代站房、中东铁路管理局大楼（现哈尔滨铁路局）、莫斯科商场（现黑龙江省博物馆）等等。

▲ 马迭尔宾馆八道街一侧街景

▲ 中东铁路管理局大楼

近代哈尔滨各种风格流派的代表性建筑，并不是与西方发源地共时发展的，再加上传播的媒介比较复杂，以及折中主义的流行，这些建筑表现出多种风格倾向，包括仿古典式的、仿中世纪的、仿文艺复兴的、仿巴洛克的等等。代表建筑如中东铁路俱乐部（现哈尔滨铁路博物馆）、日本驻哈尔滨总领事馆（现红军街108号）。

值得一提的是，哈尔滨道外历史文化街区的“中华巴洛克”建筑群也属于折中主义风格，其典型特征主要是对西方传统建筑构件做中国式装饰处理，并将中国传统的民俗风情投射在建筑上，加入中国式写实花卉、吉祥图案等装饰主题。

▲ 中华巴洛克风格建筑山墙装饰图案

中国传统建筑以雕梁画栋、红墙碧瓦为主要特征，主要代表有东省特别区第三中学（现哈尔滨市第三中学校）、文庙、极乐寺等。

▲ 东省特别区第三中学

▶ 哈尔滨文庙大成殿

20 世纪五六十年代是哈尔滨城市建筑风格发展格局发生变化的一个典型时期，而改革开放以来，哈尔滨获得了全新的发展契机，现代建筑犹如雨后春笋般出现，城市面貌有了新的改观。近年来，哈尔滨锐意创新，现代主义和高技派风格建筑也不断涌现精品佳作，如哈尔滨音乐厅、哈尔滨大剧院，以及科技中心双塔等。正是这些风格迥异的建筑，使哈尔滨“一江居中、南北互动、两岸繁荣”的城市格局充满了特异的氛围和魅力，具有了生动而厚重的文化艺术底蕴。

▲ 哈尔滨大剧院

▲ 黑龙江省科学技术馆

舌尖美味　食在哈埠

历史上，哈尔滨人在生产生活实践中，留下了具有鲜明地域特色的饮食文化。“闯关东”使关内流民大量进入哈尔滨，也将鲁菜、苏菜等菜系带入哈尔滨。中东铁路的修建则使西餐融入这座城市的饮食文化。

▶
江畔餐厅玛琳娜它

哈尔滨的气候和食材的独特性，造就了城市中西饮食文化、南北饮食文化的融合发展，产生出独具地方特色的经典美食菜品，奠定了哈埠菜的基础。2001 年，哈尔滨市成立饭店烹饪协会，负责哈尔滨市国家等级酒店酒家的初审和推荐工作，挖掘研究和推广哈埠菜。后成立哈埠菜研究院，专门从事研究开发哈埠菜系。2010 年以后，哈埠菜开始注重创新和改革，一些新颖的特色菜品陆续涌现。以当地特色食材如冰鱼、东北大米等为原料的菜品冰鱼火锅、东北大米烤肉等开始受到瞩目，这些菜品既保留了传统的风味，又融入了现代人的口味需求。

在哈尔滨，马迭尔、塔道斯、华梅、欧罗巴、波特曼、露西亚、江畔餐厅……都是品尝地道西餐尤其是俄餐的打卡地。俄式拌香鸡，浓郁的酱汁包裹着鲜嫩的鸡肉，每品味一口都仿佛能感受到俄罗斯的风情；烤奶汁鳜鱼，奶汁的醇厚与鳜鱼的鲜美完美融合，舌尖上的滋味在口中绽放；高加索烤肉串，独特的调料和烤制技巧，让每一块肉都散发着诱人的香气……

◀ 俄式拌香鸡

◀ 烤奶汁鳜鱼

◀ 高加索烤肉串

◀ 波特曼西餐厅

要体验哈埠菜，则可品尝多种饮食特色相交融的“龙菜系列”。

冰天雪地的日子里，火锅成为家庭聚会的必备。一家人围坐在炭火炉旁，涮着牛羊肉、海鲜，再配上各种手边能吃的食材，那热气腾腾的景象，仿佛能将冬天的寒冷都驱散。还有将西餐和地方口味巧妙地结合在一起的改良菜肴，酸甜可口的锅包肉、肉香四溢的熘肉段等等。这些美食至今仍在哈尔滨人的餐桌上占据着重要的地位，成为哈埠饮食文化的一部分。

▲ 老厨家玫瑰锅包肉

▲ 地三鲜

▲ 马迭尔冰棍

除了热菜，哈尔滨的冻食品也别具特色。

冻柿子、冻梨、冻花红、冰糖葫芦等，在食材匮乏的年代曾是哈尔滨人冬天不可或缺的美食，至今也以其冰冰凉凉、酸酸甜甜的口感而为人们所喜爱。而黏豆包、冻豆腐、冻饺子等，则是哈尔滨人冬天的温暖记忆。一盘热气腾腾的黏豆包，那软糯的口感、甜美的豆沙馅，仿佛能让人回到童年的时光；冻豆腐由豆腐冻制而成，无论是炖菜还是炒菜，都能吸收汤汁的精华，口感鲜美；冻饺子煮熟后，那薄薄的皮包裹着鲜美的馅料，更是过年过节时必不可少的美食。

所有的菜肴都离不开主食，而东北的大米则是哈尔滨人饭桌上的绝配。一碗油汪汪香喷喷的大米饭，配上精美的菜肴，让人回味无穷。

▲ 黏豆包软糯可口

▲ 东北大米香味浓郁

从西餐到龙菜，从冻食品到主食，从豪华的西餐厅到街头的小吃摊，哈尔滨的美食都能让人感受到哈尔滨人对生活的热爱。而无论是本地居民还是外地游客，都能在哈尔滨的美食中找到属于自己的那份幸福和满足。

冰天雪地 金山银山

在哈尔滨，从最早的简易冰灯到如今的冰雪大世界，从民间的小小创意到世界瞩目的文化盛事，冰雪之路走过了漫长而辉煌的历程。

哈尔滨人谈冰灯的历史，往往从 1963 年开始，因为那时形成了成规模的冰灯游园会，而真正的冰灯具体出现在什么时候已不可考。冰灯的起源与人们的生产、生活实践活动密切相关。过去松花江流域一带的农夫、渔民，在寒冷的冬天用木桶或泥盆盛水冻成冰罩，将油灯或蜡烛放入其中，就可以在夜晚进行照明。这种简易灯具具有透明、光滑、坚硬、可塑的特点，能满足人们的生活需要和审美需求。随着生活方式的转变和装饰需求的增加，冰灯逐渐发展成一种艺术。

冰雕的出现，则为哈尔滨的冰雪艺术增添了新的活力。1964 年哈尔滨第二届冰灯游园会首次使用松花江的天然冰块来雕琢艺术品。从此，哈尔滨的冰雕作品如雨后春笋般涌现出来，每年冬天，哈尔滨便成了一个冰雪艺术殿堂，吸引着无数游客前来观赏。

随着时代的发展，哈尔滨的冰雪艺术不断创新和突破。1985 年开始举办的哈尔滨冰雪节，更是将哈尔滨的冰雪文化推向了一个新的高度。游

▲ 2023 年冬的第五十届冰灯艺术游园会

客们不仅可以欣赏到精美的冰雕艺术，还可以参加各种丰富多彩的冰雪活动，如坐冰帆、打冰猴、溜冰、冬泳比赛等，在冰雪中感受无尽的欢乐和激情。1999 年，中国“哈尔滨冰雪大世界”正式面世，这是哈尔滨市政府为迎接千年庆典神州世纪游活动而精心打造的一座冰雪乐园。在这里，人们可以看到各种大型冰雪艺术精品工程，如巨大的城堡、雄伟的宫殿、华丽的桥梁等，每一件作品都凝聚着冰雪艺术家们的心血和智慧，让人们仿佛置身于一个梦幻般的冰雪世界中。从此，哈尔滨的冰雪艺术达到了一个新的巅峰。每年的 1 月 5 日，哈尔滨冰雪节都会吸引着来自世界各地的游客参观游览，已成为哈尔滨的一张国际名片。

▲ 冰雕作品

2016 年 3 月，习近平总书记参加十二届全国人大四次会议黑龙江代表团审议时强调：“要加强生态文明建设，划定生态保护红线，为可持续发展留足空间，为子孙后代留下天蓝地绿水清的家园。绿水青山是金山银山，黑龙江的冰天雪地也是金山银山。”2023 年 9 月，赴黑龙江考察期间，习总书记再次指出：“把发展冰雪经济作为新增长点，推动冰雪运动、冰雪文化、冰雪装备、冰雪旅游全产业链发展。”

▲ 冬日雪景

▲ 第 25 届哈尔滨冰雪大世界

哈尔滨的冰雪艺术不断创新和发展，从最初的冰灯游园会一枝独秀到如今的全城冰雕雪塑百花齐放，哈尔滨人用自己的智慧和力量创造了一个又一个奇迹。如今在哈尔滨，冰雪已经不仅仅是一种自然景观，更是一种文化、一种精神、一种财富。它让哈尔滨的冬天变得更加美丽、更加温暖、更加富有活力，哈尔滨“冰雪文化之都”的美誉已深入人心，吸引着中外游客来此与冰共舞，与雪同乐。

▲ 第十五届雪博会雪雕作品《牧羊女》

▲ 第十六届雪博会雪雕作品《东郡出行》